효과적 커뮤니케이션

효과적 커뮤니케이션

간결하고 정확한 의사소통 기술

크리스 아지리스 외 지음
심영우 옮김

21세기북스
www.book21.com

시대를 뛰어넘는 현대경영학의 진수

지금으로부터 100년 전인 1908년은 경영의 역사에서 상당히 의미 있는 해라고 볼 수 있다. 한때 세계 최고의 기업이었지만 지금은 파산 위기에 몰린 미국 자동차 회사 GM이 설립된 해가 1908년이며, 그보다 5년 앞서 설립된 포드가 본격적으로 조립식 생산방식을 도입해 '모델 T'라고 불리는 자동차를 생산하기 시작한 해도 1908년이다. 그러나 무엇보다 주목해야 할 것은 전 세계 경영학 교육의 메카라 불리는 '하버드 비즈니스 스쿨'이 1908년에 설립되었다는 점이다. 물론 최초의 경영학 교육기관은 1881년 설립된 펜실베이니아 대학의 와튼 스쿨이다. 그럼에도 불구하고 우리가 하버드 비즈니스 스쿨에 주목하는 것은 이 대학이 경영학 교육은 물론 실제 기업 경영에 미친 지대한 공헌 때문일 것이다.

실사구시의 전통

공교롭게도 하버드 비즈니스 스쿨의 시작은 경영학의 출발을 알리는 신호탄이었다. 1636년 설립된, 미국에서 가장 오래된 대학 중 하나였던 하버드가 본격적으로 경영학 교육에 뛰어들었다는 상징성 외에도, 하버드 비즈니스 스쿨은 경영학 교육의 정체성을 확립하는 데 결정적인 역할을 했기 때문이다. 경영학의 역사에서 해묵은 논쟁 중의 하나는 학문의 정체성을 둘러싼 논란이다. '경영학은 과연 과학인가 아니면 기술인가?'

사실 기업의 역사는 경영학의 역사보다 훨씬 길다. 굳이 기업의 역사를 들먹이지 않더라도 화학 산업의 선두주자인 듀폰이 1802년에 설립되었으며, 석유 산업의 원조인 '스탠다드 오일'과 유통 산업의 개척자인 '시어스'는 1870년과 1886년에 이미 설립되었다. 따라서 경영학이 존재하지 않던 시절에도 기업은 경영자에 의해 운영되고 있었다. 그러나 듀폰의 설립으로부터 100년이 훨씬 지난 1911년 프레데릭 테일러라는 한 경영자에 의해 경영학은 과학이라고 하는 역사적인 출발을 알리게 되었다.

미드베일과 베들레헴 철강회사의 엔지니어였던 테일러는 생산 현장에서 쌓았던 자신의 경험과 연구 성과들을 정리해서 1911년에 『과학적 관리법의 원리The principles of scientific management』라는 책을 출간하였다. 이 책이 바로 후대 경영학자들에 의해 테일러가 경영학의 아버지로 칭송되는 결정적인 근거가 되었다. 한 가지 재미있는 사실은 그가 하버드 대학에 합격하고도 시력 악화로 진학을 포기하고 경영자의 길을 걸었다는 점이다. 아무튼 이 책에서 그는 작업에 소요되는 시간과 작업자의 동작에 대한 연구를 통해 하루의 공정한 작업량을 측정하고 이에 근거해서 근로자들을 관리하였다. 즉, 단순한 감이나 오랜 경험과 같은 주먹구구식 방법이 아니라, 과학적 지식을 이용해서 기업 현장의 생산성을 향상시킬 수 있다는 점을 최초로 실증하였던 셈이다.

이로부터 개발된 경영학적 지식들이야말로 바로 이러한 테일러의 사상에 기반을 두고, 과학적인 연구결과와 방법론들을 통해 기업 경영의 효율성을 제고시키는 역할을 해왔다. 이처럼 경영학은 과학적인 지식을 활용해서 기업 현실의 문제를 풀어간다는 의미에서 과학이면서 동시에 기술이라는 양면성을 갖고 있다고 봐야 한다. 하지만 하버드 비즈니스 스쿨이야말로 경영자들이 당면한 기업 현실의 문제를 해결하기 위한 과학적 지식과 방법을 연구하고 전파시키는 경영학 교육 본연의 모습, 즉 원형을 창조하고 발전시킨 기관이라고 할 수 있다. 하버드 비즈니스 스쿨이 경영학 교육에 끼친 지대한 영향은 크게 다음 3가지로 요약할 수 있다. 기업 사례의 개발과 활용, MBA 교육의 시작, 『하버드 비즈니스 리뷰』의 발간 등이다.

기업 사례란 경영자들이 직면한 실제의 경영상황을 설명해주는 자료로, 학생들이 특정 기업이 처해 있는 실제적인 상황을 분석하고 토론하여 최종적인 의사결정을 해봄으로써 경영자들이 실제 경영에서 얻은 것과 유사한 경험을 갖게 하는 데 목적이 있다. 수업 시간에 주어진 사례를 분석하고 토론하는 과정에서 학생들은 단순한 강의로는 얻을 수 없는 경영의 지혜를 스스로 터득할 수 있다. 사실 사례는 오래전부터 의학이나 법학 분야에서 교육목적으로 널리 활용되어왔다. 병원에 있는 실제 환자의 사례 혹은 법정에서의 판례는 실제 의사나 판·검사, 변호사가 되기 이전에 학생들에게 충분한 교육과 연습으로서의 가치를 지닌 교육 자료이자 방법이었다.

하버드 비즈니스 스쿨은 경영학 최초로 1910년부터 강의 외에 학생들에게 토론의 기회를 주는 사례교육을 도입하였다. 뿐만 아니라 기업의 경영자들이 학교에 초빙되어 기업이 당면하고 있는 문제점을 제시하고, 이러한 문제점에 대해 학생들과 토론하는 수업이 진행되었다. 하버드 비즈니스 스쿨에 의해 시작된 사례교육 방법은 경영에 관한 일반적 지식을 다양한 현실에 적용시킬 수 있는 능력을 배양하는 효과적인 방법이었다. 강의식 교육이 교수의 주도적 역할에 의해 일반적인 지식을 학생에게 전수시키는 것이라면, 사례교육 방법은 학생의 적극적 참여에 의해 스스로 깨우치는 것에 초점을 두는 방법이라 할 것이다.

게다가 사례는 허구의 이야기가 아니라 생생한 기업 현장의 스토리였다. 강의실에서 가르치는 지식이 주로 보편적이고 일반적인 지식인 데 반해, 실제 경영 현상은 매우 다양하고 복잡했기 때문에 사례는 이러한 이론과 현실 간의 차이를 메워줄 수 있는 효과적인 수단이었던 셈이다. 지금도 하버드 비즈니스 스쿨은 경영학 모든 분야의 교육용 사례를 개발해서 배포하는 선두 기관으로 자리매김하고 있다. 과학적 지식뿐만 아니라 활발한 사례 개발과 교육을 통해 하버드 비즈니스 스쿨은 실사구시의 학풍을 확고히 정립할 수 있었다.

『하버드 비즈니스 리뷰』의 발간

1921년 하버드 비즈니스 스쿨이 최초로 경영자를 육성하는 MBA 교육을 시작할 무렵, 경영학계에는 2가지 의미 있는 일이 시작되었다. 첫 번째로 당시 신임 돈햄Donham 학장의 전폭적인 후원하에, 앞서 설명한 사례교육이 경영학 교육과정에 확고히 자리 잡기 시작했다. 법학자였던 돈햄 학장은 이미 사례교육에 익숙했고, 경영학에서도 사례교육이 중요하다는 확신을 갖고 사례교육 방법을 전 교과과정에서 채택하도록 노력했다. 이후 사례교육은 미국의 각 대학으로 번져나갔다.

두 번째로 『하버드 비즈니스 리뷰』라는 경영 학술지가 1922년부터 발간되기 시작했다. 『하버드 비즈니스 리뷰』는 여타 학술지와 다른 독특한 특성을 갖고 있었는데, 이는 하버드 비즈니스 스쿨의 실사구시 학풍과도 밀접한 관계가 있었다. 우선 『하버드 비즈니스 리뷰』는 일반적인 학술지와는 달리 철저하게 경영자를 위한 학술지였다. 통상 학술지라고 하면 학자들이 까다로운 기준에 맞춰 연구한 내용을 발표하기 때문에 일반 경영자들보다는 학자나 박사과정 학생들이 즐겨보는 것이 현실이다. 물론 엄밀한 과학성을 추구하는 것은 학술지로서 갖추어야 할 중요한 요건이지만, 학술지들이 너무 지나친 자기검열 기준에 따라 경영학 지식을 다루다보니 경영자들이 쉽게 읽고 이해하는 것이 어렵게 되어버렸다.

하지만 『하버드 비즈니스 리뷰』는 거의 유일하게 창간 이후 지금까지 독창적이면서 혁신적인 경영 아이디어를 다루면서도 결코 경영자들을 실망시키지 않는 풍부한 시사점을 갖춘 경영의 주제들을 담고 있다. 엄격한 학문적인 기준에서는 『하버드 비즈니스 리뷰』는 학술지가 아니라 경영 잡지에 불과하다는 혹독한 비판도 있지만, 기업계는 물론 학계나 기타 컨설팅 업계에서도 『하버드 비즈니스 리뷰』를 인정하는 것은 시대를 관통하는 촌철살인의 문제의식과 독창적인 아이디어를 담고 있기 때문이다. 이제 막 100년을 넘긴 경영학의 역사에서 한 시대를 대표하는 핵심적인 이론과 개념들이 『하버드 비즈니스 리뷰』를 통해 발표되었다는 것은 주목할 만한 일이다.

예컨대 마이클 포터의 산업구조분석5 forces model, 게리 하멜의 핵심역량core competence, 마이크 해머의 리엔지니어링reengineering, 로버트 캐플란의 균형성과표balanced scorecard 등 경영학의 역사에서 하나의 변곡점을 만들어낸 주요 개념과 이론들이 『하버드 비즈니스 리뷰』를 통해 소개되었다. 뿐만 아니라 20세기 초의 GM, 포드, 듀폰, 코닥, P&G는 물론 20세기 후반 GE, IBM, 인텔, 마이크로소프트, 애플, 구글 등 수많은 성공 기업의 사례도 이 학술지를 통해 전 세계적으로 널리 알려지게 되었다. 어디 그뿐인가? 우리는 『하버드 비즈니스 리뷰』를 통해 피터 드러커, 테오도르 레빗, 로자베스 모스 캔터, C. K. 프라할라드, 잭 웰치, 마이클 델 등 세계적인 석학이나 성공한 경영자의 사상과 경험들을 접할 수도 있다. 전 세계적으로 유명한 학자나 성공한 기업가, 똑똑한 컨설턴트들이 자신의 원고를 『하버드 비즈니스 리뷰』에 게재하고 싶어 안달인 것은 그만큼 이 학술지가 업계에 미치는 엄청난 영향력을 잘 알고 있기 때문이다.

그 동안 『하버드 비즈니스 리뷰』는 시대를 앞선 트랜드와 시대를 넘어서는 고전이라는 두 마리 토끼를 동시에 잡아왔다. 이 학술지에 실린 글들 중 상당수는 당시의 트렌드를 잘 반영하고 있지만, 그렇다고 해서 이 글들이 일시적인 유행에만 머문 것이 아니라 시대를 관통하는 경영학의 고전들이 되었다. 마이클 포터의 산업구조분석에 대한 연구가 없었다면 경영자들은 아직도 산업 내에서 벌어지는 기업 간 경쟁에 대해서 체계적으로 대응할 수 없었을 것이다. 마이크 해머의 리엔지니어링 개념이 소개되지 않았다면, 아마도 많은 경영자들이 기업 내 다양한 프로세스의 중요성을 인식하지 못했을 것이고, 여전히 고객들은 다양한 부서들의 틈바구니에서 불편함을 겪었을 것이다. 또한 로버트 캐플란이 균형성과표를 소개하지 않았다면, 경영자들은 아직도 단기적인 재무 성과지표들에만 집착한 나머지 장기적인 관점에서 기업의 성과에 영향을 미치는 고객이나 내부 프로세스, 종업원 등에 대한 성과 측정과 개선이 이루어지지 않았을 것이다.

현대 경영학의 결정판

이런 관점에서 이번에 21세기북스에서 발간되는 '하버드 비즈니스 클래식'은 지난 100년간 발전되어 온 현대 경영학의 진수를 제대로 살펴볼 스 있는 좋은 기회라고 생각된다. 1990년대 말부터 『하버드 비즈니스 리뷰』에서는 학술지에 실렸던 우수한 논문이나 기고문 중에서 시대를 넘어서는 글들을 엄선해서 주제별 단행본을 출간하고 있다. 예컨대 변화관리, 리더십, 브랜드 관리, 윤리 경영 등 다양한 주제별로 『하버드 비즈니스 리뷰』에 발표되었던 주옥같은 글들을 묶어서 정리하는 방식이다. 즉, 시대별로 발간되는 『하버드 비즈니스 리뷰』를 주제별로 묶어서 재발간하는 셈이다. 이 단행본들을 이번에 21세기북스에서 '하버드 비즈니스 클래식'이라는 제목으로 소개하게 된 것이다.

하버드 비즈니스 클래식은 다음과 같은 3가지 측면에서 경영자들이나 학생들에게 큰 도움을 줄 수 있다고 생각한다. 첫째, 다양성이다. 각각의 단행본들이 다루고 있는 주제들에 대한 다양한 시각을 살펴볼 수 있다. 굉장히 복잡한 경영의 이슈들을 하나의 이론이나 주장으로 이해한다는 것은 애초부터 불가능한 일이었을 것이다. 예컨대 기업의 영원한 숙제인 '성장 전략'만 하더라도 한두 개의 이론이나 사례로 해결할 수 있는 이슈가 아니다. 기업이 성장하기 위해서는 기존 사업을 혁신시킬 수도 있고, 다른 기업을 인수합병할 수도 있다. 마찬가지로 신규 사업으로 다각화할 수도 있고 파트너들과의 전략적 제휴를 활용할 수도 있다. 하버드 비즈니스 클래식은 성장 전략에 대해 유일무이한 하나의 해답을 제공하려고 애쓰지 않고, 각기 다른 시각에서 연구되어온 다양한 시각을 제공한다. 그리고 마치 토론을 통해 스스로 해답을 찾아가는 사례교육 방법처럼, 다양한 시각을 담은 글 속에서 독자들 스스로 깨달음을 얻도록 유도하고 있다.

둘째, 연계성이다. 각 단행본들이 담고 있는 글들은 다루는 주제에 대한 다양한 시각을 담고 있지만, 이 글들이 따로 노는 것이 아니라 하나의 주제에 맞게 서로 연결된다는 점이다. 예컨대 '변화관리'의 경우 총 8개의 논문으로 구성되어 있는데, 첫 번째 논문이 변화의 8단계를 설명했다면, 다른 논문은 경영자들이 8단계 모델에 따라 변화를 주도할 때 고려해야 하는 비전, 리더십, 저항, 프로그램 등의 주제를 각기 다루고 있다. 따라서 독자들은 성공적인 변화관리를 위한 다양한 주제들을 읽으면서도, 이들 서로 다른 논문들을 통해 변화관리를 성공하기 위한 공통점이나 보완점들을 발견할 수 있다. 다양한 논문들은 각기 다른 시각을 제공하지만, 이들 관점들이 하나의 체계를 갖추고 있기 때문에 독자들이 일독을 끝냈을 무렵에는 머릿속에 주제와 관련된 큰 그림이 그려지는 셈이다.

셋째, 실용성이다. 책에 담긴 논문들은 연구를 위한 연구, 소수 학자들을 위한 현학적 수사를 배제한 철저하게 실무적인 이슈와 시사점들을 다루고 있다. 이미 언급한 것처럼 『하버드 비즈니스 리뷰』는 창간 때부터 경영자를 위한 학술지라는 독특한 위치를 고수했다. 아무리 이론이 훌륭하더라도 실제 기업 경영에 대한 시사점이 부족하고 경영자들이 이해하기 힘든 개념이나 숫자들로 채워져 있다면 결코 『하버드 비즈니스 리뷰』에 소개되기 어렵다. 따라서 『하버드 비즈니스 리뷰』에 실린 글들은 저마다 다양한 주제를 다루고 있지만, 실제 기업 경영에 미치는 영향력이라는 공통적인 잣대를 기준으로 평가되고 있다. 경영자들에게 큰 영향력을 미친 논문이 우수한 논문인 셈이다. 예컨대 마케팅에 관한 책을 보면 브랜드, 가격전쟁, 웹 마케팅, 마케팅 실험 등 철저하게 기업의 성과와 직결되는 실천적인 마케팅 주제들을 다루고 있다.

　최근에도 기업을 둘러싼 환경은 끊임없이 변하고 있다. 따라서 기업 경영을 주제로 다루고 있는 경영학도 예외는 아닐 것이다. 20세기 기업 경영에 도움이 되었던 경영학의 제반 지식이 21세기에도 그대로 적용되리라는 보장은 없다. 그러나 온고이지신이라고 했던가? 전통적인 것이나 새로운 것 어느 한쪽에만 치우치지 않아야 한다는 논어의 가르침처럼, 21세기를 위한 새로운 경영을 만들어나감에 있어 20세기 경영학의 핵심이라고 할 수 있는 하버드 비즈니스 클래식에 담긴 주옥같은 글들은 분명 독자들에게 결정적인 도움이 될 것이다.

이동현

〈하버드비즈니스클래식〉 기획위원

가톨릭대학교 경영학부 교수

크리스 아지리스Chris Argyris는 하버드 대학교의 교육 및 조직행동학 명예교수로 여러 민간기구와 정부기구에 자문을 하고 있다. 11개의 명예 학위를 포함해 경영학회, 미국심리학협회에서 수여하는 평생공로상을 수상했다. 저서로는 『잘못된 충고』 『조직학습』이 있다. 현재 모니터 그룹의 회장이다.

랄프 니콜스Ralph G. Nichols의 논문이 『하버드 비즈니스 리뷰』에 게재될 당시 그는 미네소타 대학교의 커뮤니케이션 프로그램 책임자였다.

레오나르드 스티븐스Leonard A. Stevens의 논문이 『하버드 비즈니스 리뷰』에 게재될 당시 그는 프리랜서 작가와 유명 기업들의 프리젠테이션 상담역을 맡고 있었다. 그는 랄프 니콜스와 여러 논문을 공동 집필했다.

조지 프린스George M. Prince는 『하버드 비즈니스 리뷰』에 논문이 게재될 당시 시넥틱스의 회장이었다. 이 회사는 매사추세츠 주 캠브리지에 위치한 컨설팅 회사로 고객관리의 창조성과 문제해결 능력을 증진시키는 전문업체다.

T. J. 라킨과 산더 라킨T. J. Larkin and Sandar Larkin은 라킨 커뮤니케이션 컨설팅의 공동 경영자이다. 이들의 저서로는 『변화하는 커뮤니케이팅』이 있다.

캐서린 에이센하트Kathleen M. Eisenhardt는 스탠포드 대학교 공과대학의 전략과 조직학 교수이며 『절벽 위의 승부』의 공동 저자로, 변화경영을 연구하고 있다. 에이센하트는 빠른 전략적 의사결정에 관한 연구로 퍼시픽 텔레시스 재단에서 상을 받았으며 기업의 전략적 동맹에 관한 연구로 스턴 상을, 급변하는 시장에서의 글로벌 기업 조직에 관한 논문으로 휘트모어 상을 수상했다.

진 케워지 Jean L. Kahwajy는 변화와 의사소통, 협상에 관한 효과적인 접근 방법을 고위경영자들과 경영진에 자문해주고 있다. 스탠포드 대학교에서 의사결정자에게 영향을 끼치는 사회적 · 심리적인 요인에 대해 연구했다.

L. J. 브루주아 3세L. J. Bourgeois Ⅲ는 다든 경영대학원의 비즈니스 경영학 교수로 재직 중이다. 전 세계 여러 기업들에게 최고경영진을 세우는 방법에 관해 조언을 하고 있으며 전략적 사고에 관한 다양한 세미나를 기획, 개최하고 있다. 저서로는 『전략적 경영: 개념부터 실행까지』가 있다.

페르난도 바톨로메 Fernando Bartolomé는 스페인 마드리드에 위치한 엠프레사 대학에서 경영학 교수로 재직 중이며 인시아드에서 조직행동학 객원교수로 일하고 있다. 『하버드 비즈니스 리뷰』에 「인간적인 관리자」 「알리바이」 「관리자: 힘의 지배자와 노예」 등을 게재했다.

마이클 맥카스키 Michael B. McCaskey는 그의 논문이 처음 게재되었을 때 하버드 경영대학원에서 조직행동학 조교수로 근무했다. 당시 그는 관리자들이 잘못 정의된 상황에 어떻게 대처하는지를 연구하면서 모호성을 다루는 도구로 비언어적 의사소통과 상상을 사용했다. 또한 시카고 베어스의 사장과 CEO를 역임했고 1985년에는 스포팅 뉴스가 선정하는 올해의 경영인으로 선정되기도 했다.

안토니 제이 Antony Jay는 『하버드 비즈니스 리뷰』에 논문을 게재할 즈음 영국의 영화 제작 배급회사인 비디오 아츠의 회장이었고 BBC 텔레비전 프로듀서와 이사를 역임하기도 했다. 저서로는 『경영과 마키아벨리』 『코퍼레이션 맨』이 있고, 코미디 시리즈물인 「몬티 파이톤Monty Python」을 존 클리스와 공동 제작했다.

차례 | 효과적 커뮤니케이션

1

듣는 것도 기술이다

랄프 니콜스
Ralph G. Nichols

레오나르드 스티븐스
Leonard A. Stevens

비즈니스는 의사소통 시스템으로 연결되어 있으며, 의사소통은 글보다는 말 위주로 이루어진다. 그러므로 기업의 경영자들은 어떻게 말하느냐보다는 어떻게 듣느냐에 따라 말의 효과가 달라진다는 점을 깨달아야 한다. 듣기에 어떤 특별한 조건이 있는 것은 아니다. 그런데 일반적으로 사람들은 듣는 법을 알지 못한다. 귀로 말은 잘 듣지만, 소위 '효과적으로 듣기'에 필요한 기술을 습득하려고 하지는 않는다.

저자들은 몇 년 동안 사람들이 청취한 내용을 얼마나 이해하고 기억하는지를 알아보기 위한 듣기 능력을 실험해오고 있다. 미네소타 대학교의 수천 명의 학생과 기업인, 전문직 종사자 수백 명을 대상으로 경청 능력을 테스트하는 이 대규모 실험은 각 피실험자들에게 짧은 말을 들려주고 그 내용을 얼마나 이해했는지 검사하는 것이다. 실험에서 얻은 결론은 사람은 평균적으로 상대의 말을 아무리 주의 깊게 듣는다 해도 말을 들은 직후 전체 내용의 반 정도만을 기억한다는 것이었다. 그들은 "의사소통은 어떻게 말하는가보다는 어떻게 듣느냐에 따라 그 효율성이 좌우된다"라고 말한다.

두 저자는 경영자들에게 훈련을 통해 듣기 능력을 키우는 법, 대화 시 일어나는 여러 가지 정신활동, 상대의 말을 잘 듣는 방법 등 실제적으로 아주 중요한 주제를 다루고 있으며, 아울러 듣기 기술의 문제점을 분석하여 향상시킬 수 있는 방법을 제시하고 있다.

여기서는 회사 내에서 듣기 능력 향상 프로그램을 운영하기를 희망하는 많은 사람들을 위해 실천 가능한 14가지 방법을 제시하고 있다. 어떤 제안을 적용하면 어떤 결과가 발생한다는 사실을 중시하기보다는, 무엇보다드 듣기에 관해 새롭게 인식할 때 어떤 일이 일어나고 그 결과 듣기 능력이 향상되면 자신의 일과 비즈니스에 어떤 영향을 미치는지 알아내는 것이 중요하다.

최근 시카고 지역에 있는 주요 제조업체의 최고경영자들을 대상으로 업무상 듣기의 역할을 묻는 설문조사를 했다. 조사 후에는 듣기를 주제로 하는 경영자 세미나가 열렸는데, 세미나 참석자들의 대표적인 의견 3가지를 요약하면 다음과 같다.

- 솔직히 지금까지는 듣기의 중요성에 대해 한 번도 생각해본 적이 없다. 그러나 지금은 중요하다고 생각한다. 업무 중 80퍼센트는 다른 사람의 말을 듣거나 내 말을 다른 사람이 듣는 것이다.
- 지난 2~3년간 잘못된 일들을 곰곰이 되돌아본 결과 상대방의 말을 듣지 않거나 곡해해서 문제가 빈번히 발생했다는 사실을 깨닫게 되었다.
- 의사소통에 대해 매우 다양하게 검토하면서도 듣기에 대해서는 무의식적으로 간과해온 것이 사실이다. 듣기가 기업 내 의사소통에서 가장 중요한 요소임에도 불구하고 가장 시행이 안 되는 부분이기도 하다.

이 의견들 속에는 많은 경영진들이 듣기에 대해 새롭게 인식하고 있음이 잘 드러나 있다. 비즈니스는 의사소통 시스템으로 연결되어 있으며, 의사소통은 글보다는 말 위주로 이루어진다. 그러므로 기업의 경영자들은 어떻게 말하느냐보다는 어떻게 듣느냐에 따라 말의 효과가 달라진다는 점을 깨달아야 한다.

훈련을 통해 듣기 능력을 키워라

듣기에 어떤 특별한 조건이 있는 것은 아니다. 그런데 일반적으로 사람들은 듣는 법을 알지 못한다. 귀로 말은 잘 듣지만, 소위 '효과적으로 듣기'에 필요한 기술을 습득하려고 하지는 않는다.

우리는 몇 년 동안 사람들이 청취한 내용을 얼마나 이해하고 기억하는지 듣기 능력을 실험해오고 있다. 얼마 전 미네소타 대학교의 수천 명의 학생과 기업인, 전문직 종사자 수백 명을 대상으로 경청 능력을 테스트하는 대규모 실험을 했다. 각 피실험자들에게 짧은 말을 들려주고 그 내용을 얼마나 이해했는지 검사하는 것이다.

실험에서 얻은 결론은 사람은 평균적으로 상대의 말을 아무리 주의 깊게 듣는다 해도 말을 들은 직후 전체 내용의 반 정도만을 기억한다는 것이었다. 시간이 경과하면 어떻게 될까? 실험 결과에 의하면 2개월 경과 후에는 대체로 들은 내용의 25퍼센트만을 기억한다고 한다. 이런 실험 결과는 플로리다 주립대학교와 미시건 주립대학교에서 발표한 연구 보고서에서도 입증되었다. 실제로 우리는 힘들게 학습한 내용을 8시간 내에 3분의 1에서 2분의 1 정도를 잊어버린다. 더 놀라운 사실은 8시간 내에 망각하는 양이 6개월 동안 잊어버리는 양보다 종종 더 많다는 것이다.

듣기 능력이 부진한 이유는 대체로 잘못된 학교교육에서 그 원인을 찾을 수 있다. 학교에서는 읽기를 가장 중요한 학습 수단으로 여기며, 이에 따라 읽기 교육에는 많은 시간을 투자하면서도 듣기 교육은 등한시하고 있다. 약 6년이라는 시간 동안 읽기에만 치중할 뿐 말하기는 강조하지 않으며 듣기 기술에도 전혀 관심을 기울이지 않는다.

중고생들이 상당히 많은 수업을 들어야 하는 현실을 생각할 때 이상한 현상이 아닐 수 없다. 입학해서 졸업할 때까지 듣기 훈련은 고작 '집중!' '잘 들어!' '주목!' 같은 짤막한 구호를 듣는 데 그칠 뿐이다.

교사들은 듣기 능력이 반드시 필요하다고 생각한다. 그런데 이렇게 오랫동안 왜 교육자들은 공식적인 듣기 교육 방법을 개발하지 않았는가? 우리는 듣기 교육을 가로막고 있는 몇 가지 잘못된 가정을 찾아냈다.

- 듣기 능력은 지능에 따라 크게 다르다고 생각한다. '똑똑한' 사람은 잘 듣지만 '멍청한' 사람은 잘 듣지도 못한다는 것이다. 지능이 낮으면 듣기 능력이 떨어지는 것은 사실이지만 지능과 듣기의 관계가 너무 과장되어서는 안 된다. 잘 듣지 못한다고 해서 반드시 지능이 낮은 것은 아니다. 잘 듣기 위해서는 경험과 훈련을 통해 기술을 습득해야 한다. 듣기 기술을 배우지 않으면 들은 내용을 이해하고 기억하는 능력이 떨어질 수밖에 없다. 이런 현상은 지능이 높은 사람이든 낮은 사람이든 모두에게 일어날 수 있다.
- 읽기를 배우면 듣기 기술도 저절로 향상된다고 생각한다. 읽기 기술이 어느 정도 듣기에 도움이 되지만 전적으로 그렇지는 않다. 듣기와 읽기는 전혀 다른 활동으로 개별적인 기술이 필요하다. 연구에 따르면 읽기만 가르쳤을 때 읽기와 듣기가 같은 수준으로 향상되지 않는다고 한다.

이처럼 의사소통에서 중요한 위치를 차지하고 있는 듣기 교육에 무관심한 나머지 읽기 능력은 계속 향상되는 반면, 듣기 능력은 제자리걸음을 하고 있다. 읽기는 잘하지만 잘 듣지 못하는 학생들이 학교를 졸업하여 사회로 진출하고 있다. 그런데 현실은 어떠한가? 학교에서 가르치는 것과는 달리 사회는 읽기 능력보다는 듣기 능력을 약 세 배 정도 더 중시한다.

근래 들어 앞에서 살펴본 2가지 듣기 교육에 대한 잘못된 생각들이 점차 사라지고 있다. 교사들은 듣기 기술도 가르칠 수 있다는 생각을 하기 시작했으며, 일례로 내쉬빌에 위치한 공립 초등학교에서부터 고등학교까지 이미 듣기 교육을 시행하고 있다.

미네소타 대학교는 상당수의 신입생들을 대상으로 듣기 강좌를 열고 있다. 듣기 훈련을 받은 학생 그룹은 구어口語를 이해하는 능력이 최소 25퍼센트 정도 향상되었다. 40퍼센트까지 듣기 능력이 향상된 그룹도 있었다. 비즈니스와 전문직 종사자들이 주로 수강하는 평생교육 과정에서도 듣기 강좌를 개설했는데, 지금까지 이 그룹이 가장 높은 듣기 능력 향상을 보였다. 60명의 남녀 학생으로 구성된 이 그룹은 1학기 17주 동안 주 1회 교육을 받은 결과 듣기 테스트에서 거의 두 배 가까운 향상을 보였다.

듣기 능력을 개발하라

듣기 능력 향상을 위한 모든 과정이나 교육에는 다음의 2가지 요소가 반드시 필요하다.

❶ 듣기 능력에 영향을 끼치는 요인들을 찾아낸다.
❷ 좋은 듣기 습관을 기를 수 있도록 듣기 경험을 쌓아야 한다.

이제 위에 언급한 2가지 요소를 이 글에서 살펴보기로 한다. 듣기 능력에 영향을 끼치는 요인들은 토론만으로도 어느 정도 찾아낼 수 있다.

좋은 듣기 습관을 기르기 위해 듣기 경험을 쌓는 데 필요한 몇 가지 단계는 뒤에서 살펴보기로 한다.

듣기의 장애물들

일반적으로 사람들은 개인적으로 의사소통을 하는 동안은 제대로 집중할 수 있지만 상대방의 말을 듣는 동안은 집중하기 힘들다고 생각한다. 상대의 말을 듣는 동안 집중하기가 더 힘든 것은 사실이다. 물론 여기에는 사람들이 거의 자각하지 못하는, 듣기를 방해하는 요인이 있지만 그럼에도 불구하고 들을 때 우리는 집중할 수 있어야 한다.

본래 말에 비해 생각하는 속도가 훨씬 빠르므로 듣는 데 문제가 발생하게 마련이다. 대부분의 사람들은 평균적으로 1분당 약 125단어를 말한다. 130억 개가 넘는 세포로 이루어진 사람의 뇌가 생각하는 속도에 비하면 말하는 속도는 매우 느린 편이다. 다른 사람의 말을 들을 때의 뇌는 평소 뇌의 능력에 비해 매우 느리게 작동한다.

또한 뇌는 복잡하게 구성되어 있기는 하지만 효율적으로 작동하기 때문에 최신 디지털 컴퓨터도 뇌와 비교하면 느리다고 할 수 있다. 그러므로 1분당 125단어를 말하는 사람의 말을 들을 때는 그에 맞추어 생각하는 속도도 늦출 필요가 있다. 물론 듣기의 속도보다 생각의 속도가 빠르므로 생각하는 속도를 늦추는 일이란 쉬운 일은 아니다.

말은 사고 과정에서 중요한 역할을 담당한다. 정신의학자들은 사고할 때의 뇌의 움직임에 관해서는 서로 다른 견해를 피력하는데, 사고의 기본 매개체가 언어라는 데에는 의견을 같이하고 있다.

우리의 뇌는 상대의 말을 들음과 동시에 생각에 필요한 수백 단어를 처리한다. 다시 말하면 말을 들으면서 남는 시간에 생각을 한다는 것이다. 이러한 생각하는 데 사용하는 여분의 시간을 어떻게 활용하느냐에 따라 얼마나 잘 집중하여 들을 수 있는지가 결정된다.

미네소타 대학교에서 실시한 연구 결과에 따르면 대부분의 사람들은 듣는 데 사용하고 남는 시간을 낭비한다고 한다. 다음의 이야기는 '듣기 중 다른 생각을 하는 사례'다.

상사 A가 직원 B에게 회사에서 새로 시작하는 프로그램에 대해 말하고 있다. 직원 B는 듣기 능력이 떨어지는 사람이다. 그는 상사 A의 말을 들으려고 애를 쓰지만 잘 집중하지 못한다.

상사 A가 말을 시작하자 직원 B는 한마디도 놓치지 않으려 애쓴다. 하지만 상사 A의 느린 말투 때문에 직원 B는 곧 다른 생각에 빠질 수 있다. 시간적인 여유가 생긴다. 상사의 느린 말 사이사이마다 직원 B는 무의식적으로 자기만의 생각에 잠기게 된다.

결국 직원 B는 상사의 말에서 한 걸음 물러나 마음속으로 '그래, 나가기 전에 어제 내가 주재했던 회의가 성공적이었다고 말해야지'라고 생각한다. 그런 뒤 다시 상사 A의 말을 몇 마디 더 듣는다.

직원 B가 상사 A의 말로 돌아왔다가 다시 자기 생각에 빠질 시간적 여유는 충분하다. 이것은 오랜 습관이므로 고치기는 거의 불가능하다.

얼마 지나지 않아 직원 B가 다른 생각을 하는 시간이 지나칠 정도로 길어진다. 다시 정신을 차렸을 때는 이미 상사 A의 말을 많이 놓쳐버린 뒤다. 더 이상 B는 A가 하는 말을 이해하지 못하게 된다. 다른 생각을 하는 시간이 늘어나면서 직원 B가 상사 A의 말을 그만큼 더 많이 놓치게 된 것이다.

결국 직원 B는 상사 A의 말을 끝까지 다 들었지만 듣고 이해한 내용은 절반도 되지 않는다.

대화 시 일어나는 4가지 정신활동

듣기 능력을 향상시키기 위해서는 듣는 도중의 여유시간을 효율적으로 사용해야 한다. '효율적'이라는 것은 어떤 의미인가? 이에 대한 해답을 얻기 위해 우리는 사람들의 듣기 습관을 광범위하게 연구했는데, 특히 잘 들을 수 있을 때 어떤 현상이 일어나는지 파악했다.

듣기 능력이 뛰어난 사람은 상대방과 이야기를 주고받을 때 다음의 4가지 활동을 하는데, 듣기가 가장 잘될 때는 이 활동들이 정확하게 조화를 이룬다. 또한 최대한 많은 메시지를 들으려 하며 말하는 사람의 생각에서 벗어나 다른 생각을 하는 시간을 최소화하려고 한다.

❶ 듣기 능력이 뛰어난 사람은 말하는 사람이 이야기하는 것보다 먼저 앞으로 들을 말과 결론을 예측한다.

❷ 말하는 사람의 주장이 타당한지 이를 뒷받침하는 증거를 검토하면서 '이 증거가 유효한가? 완벽한 증거인가?'라고 자문한다.

❸ 상대방이 하는 말의 핵심을 주기적으로 점검하고 마음속으로 정리한다.

❹ 상대방의 말에 표현되어 있지 않은 숨은 의미를 찾아낸다. 얼굴 표정, 몸짓, 음색 같은 비언어적인 의사소통 도구를 주의 깊게 살펴 말의 의미를 더 명확하게 파악하려 한다. '말하는 사람이 일부 핵심을 고의적으로 피하고 있는 것은 아닌가? 그 이유가 무엇인가?'라고 자문한다.

말하는 속도와 듣는 속도를 비교하면 듣는 동안 이 4가지 활동을 할 시간은 충분한데, 무엇보다도 듣기 능력을 높이는 데는 연습이 필요하다. 우리는 집중하는 습관을 기를 수 있는 듣기 연습을 훈련 과정에 포함시켰다.

듣는 것도 기술이다

듣기 능력에 영향을 주는 또 다른 요소는 듣는 사람이 들은 내용을 재구성하는 것과 관련이 있다.

최근에 유럽에 있던 교회의 돌을 허물어 모두 미국으로 가지고 와서 그대로 다시 지었다고 하는 기사가 신문에 실렸다. 이 교회 이전 사례는 말하는 사람과 듣는 사람의 이해하는 과정을 잘 표현하고 있다. 말하는 사람은 자신의 생각을 단어로 쪼개어 전달한다. 단어들은 공중을 통과하여 듣는 사람에게 전해지고 듣는 사람은 전체 내용을 받아들여 머릿속에서 본래의 생각으로 조립하게 된다. 하지만 대부분의 사람들은 듣는 목적을 몰라서 내용을 재구성할 수 없다.

듣기를 '사실을 받아들이는' 일이라고 말하는 사람들이 많다. 모든 사실을 다 받아들인다는 말은 들은 내용을 이해해야 한다는 의미에서 보면 논리적이라고 말할 수 있다. 이에 따라 들은 내용을 하나도 빠짐없이 기억하려고 하지만 '그저 사실을 받아들인다' 라는 듣기 습관은 아주 나쁜 습관일 수 있다.

대부분의 사람들은 귀로 들은 사실들을 하나도 빠짐없이 기억할 수 없다. 한 가지 사실을 기억하는 동안 다른 사실의 일부나 전부를 거의 놓쳐 버리게 된다. 듣는 사람이 아무리 최선을 다해도 일부는 저 대로 이해하고 일부는 잘못 이해하고 나머지는 완전히 놓쳐버리고 만다. 모든 사실을 들을 수 있는 사람도 청취 수준은 여전히 낮기 쉽다. 세부적인 것에 집중하다가 전체 내용을 놓쳐버리기도 한다.

말하는 사람은 듣는 사람이 자신의 아이디어를 이해하기를 원한다. 듣는 사람이 말하는 사람의 생각을 이해하려면 들은 사실들이 가장 중요하다. 잘 듣는 사람은 말하는 사람의 생각을 파악하는 데 집중하며, 자신이 이해할 수 있는 만큼의 사실만을 기억한다. 말하는 사람의 생각을 이해하게 되면 단순히 사실만 좇아 듣는 사람들에 비해 부수적인 사실들을 더 잘 기억하게 된다.

듣기 기술은 분명히 교육이 가능하며 기술을 바탕으로 듣기 능력을 높이는 경험을 쌓아갈 수 있다.

사람들은 듣고 싶은 것만 듣는다

듣기 능력은 듣는 사람의 감정에 따라 달라진다. 사람들은 듣고 싶지 않은 말에 대해서는 아예 귀를 닫아버리는 것이다. 반대로 듣고 싶은 말은 귀를 활짝 열고 그 말이 진실이든 꾸며낸 것이든 개의치 않고 받아들인다. 듣기에서 감정은 필터의 역할을 한다고 볼 수 있다. 때로는 감정 때문에 아무것도 들리지 않기도 하고, 감정 때문에 아주 쉽게 잘 들리기도 한다.

반면, 자신의 평소 신념과 대치되거나 복잡한 이야기를 들을 경우는 잘 들리지 않게 된다. 이 경우에는 마음속으로 듣고 있는 내용을 반박할 계획을 세우거나, 말하는 사람을 당혹스럽게 할 질문을 생각해내거나, 자신의 주장을 뒷받침할 생각들을 찾아내려고 한다.

예를 들어, 다음과 같은 경우다.

한 회사의 경리직원이 부장에게 가서 "국세청에서 방금 연락이 왔는데요?"라고 말을 하자마자 부장은 "빌어먹을 국세청! 좀 가만히 내버려두면 안 되나? 해마다 애써 번 돈을 다 쥐어짜 가면서?"라고 미리 분통을 터뜨렸다. 부장은 상기된 얼굴로 창밖을 내다보았다. '국세청'이라는 말에 화가 치민 그는 더 이상 아무 말도 들리지 않았다.

한편 경리사원은 부장에게 몇 가지 간단한 절차만 취하면 올해 3,000달러를 절약할 수 있다고 말했다. 경리사원이 강조한다면 부장이 이 내용을 들을 수도 있지만 끝까지 이해하지 못할 수도 있다.

감정이 듣기에 도움이 되는 경우가 있는데, 대개 자신이 잘 아는 내용을 들을 때다. 이때는 아무런 장애 없이 상대방의 말을 잘 들을 수 있다. 듣고 있는 내용에 대해 거의 질문을 하지 않으며 좋은 감정이 형성되어 비판할 생각도 사라진다. 듣고 있는 내용이 이미 몇 년 동안 생각해온 것이므로 생각도 최대한 적게 하게 된다. 이처럼 자신의 생각과 일치하는 말은 편안한 마음으로 듣게 되는 것이다.

감정 필터의 작용에 대응하려면 어떻게 해야 하는가? 상대방의 말을 끝까지 듣는 데에 그 해답이 있지만 실제로 실천하기는 쉽지 않다. 다음은 이러한 훈련에 필요한 2가지 요소다.

❶ **평가를 유보하라** 이것은 가장 중요한 학습 원칙으로, 특히 듣고 배우는 학습에서 더욱 필요한 것이다. 평가를 유보하기 위해서는 자신을 통제할 수 있어야 한다. 많은 사람들이 자기통제를 하는데 쉬지 않고 연습해야 바람직한 습관으로 자리를 잡게 된다. 듣기의 주요 목적은 말하는 사람이 의도한 핵심을 이해하는 데 있다. 상대방이 말을 마칠 때까지는 어떤 판단이나

결정을 내려서는 안 된다. 상대의 말을 다 들은 후에 핵심을 다시 검토한 뒤 비로소 평가해야 한다.

❷ **반증을 찾아라** 사람들은 상대방의 말을 듣는 동안 자신이 옳다고 확신하는 내용을 뒷받침하기 위해 증거를 찾으려 한다. 처음에는 누구나 넓은 마음과 안목을 갖추지 않고는 자신이 틀렸다는 증거를 찾는 경우는 거의 없다. 하지만 중요한 것은 듣고 있는 내용을 반박할 증거를 찾으려는 자세는 바람직하다는 것이다. 틀리거나 옳다는 증거를 찾으려고 노력하는 사람은 상대방의 말을 대충 듣지 않는다.

잘 듣는 사람이 성공한다

듣기 능력을 높이거나 듣기의 중요성을 인식하는 것만으로도 비즈니스에서 상당한 이익을 얻을 수 있다. 이와는 반대로 비즈니스맨이 상대방의 말을 제대로 듣지 못하고 이해하지 못한다면 막대한 손실을 입을 수 있다. 특히 숫자, 날짜, 장소, 이름 등은 혼동하기도 쉽고 알아듣지 못하는 경우도 많다.

비즈니스에서 이런 실수를 여러 번 반복하게 되면 원활한 의사소통이 이루어지지 않으며, 결국은 심각한 물질적 손해와 비효율성을 초래하게 된다. 직원들에게 듣기의 중요성을 교육한다면 의사소통의 실수를 줄일 수 있다.

무엇보다도 듣기를 잘하면 경제적인 의사소통을 하게 된다. 우리 주변에는 말로 의사소통하는 것을 두려워하는 비즈니스맨들이 꽤 있다. 이들은 잘 듣지 못한다는 이유로 종이에 기록하여 의사소통을 하려고 한다.

반드시 기록으로 남겨야 하는 의사소통도 많지만 기록해야 한다는 부담감이 가중되어 아주 사소한 내용까지 '기록'하게 된다. 결국 이러한 문서들이 차곡차곡 쌓이면 어느 순간부터는 통제 불능 상태가 된다. 잘 들을 수 있다면 문서보다는 직접 말로 의사소통을 하는 것이 더 나은 경우가 많다.

읽기와 쓰기는 말하기와 듣기보다 훨씬 느린 의사소통 방법이다. 또한 읽기와 쓰기는 말하기와 듣기보다 사람, 장비, 공간이 더 필요하다. 수첩이나 노트북 등의 도구는 물론 속기사와 심부름하는 사람까지 필요하다. 문서는 그냥 방치할 경우 언제 사라져 버릴지 모르므로 이를 보존하기 위해서는 시간과 노력이 필요하다.

말로 의사소통을 할 때는 시각적인 의사소통보다 더 많은 감각들을 사용한다. 듣기를 잘하면 하나의 메시지 안에 많은 내용을 주고받을 수 있다. 또한 말로 하는 의사소통의 가장 큰 특징은 서로 주고받을 수 있다는 것이다. 무슨 말인지 이해하지 못하면 즉시 질문할 수 있다.

정보가 위를 향해 움직이게 하라

'상향 의사소통'에서는 특히 듣기 기술이 중요하다. 조직의 각 리더들은 조직의 여러 통로를 통해 부하직원들에게 메시지를 전달하지만 아래에서 위로 정보를 전달하는 통로는 거의 존재하지 않는다.

가장 확실한 상향 의사소통 통로는 직접 대면하여 말하는 방법이다. 말단 직원은 주임에게, 주임은 과장에게, 과장은 부장에게 말하면서 사람과 사람 사이에 정보가 전달되어 마침내 최고경영자에게까지 도달하게 된다.

이러한 의사소통의 고리는 잠재 능력은 충분하지만 듣기 능력이 낮은 사람들이 많으므로 거의 제대로 운영되지 못한다. 여기에는 적어도 다음과 같은 3가지 실패 원인이 있다.

❶ 듣는 사람의 듣기 능력이 낮으면 말하는 사람은 편안하게 말을 하지 못하므로 의사소통이 거의 이루어지지 않는다.

❷ 의사소통의 흐름이 진행되어도 한 사람이 제대로 듣지 못하면 상향 의사소통은 중단된다.

❸ 의사소통의 흐름이 최고경영자에게까지 도달해도 도중에 메시지의 내용은 심하게 왜곡되기 쉽다.

상향 의사소통 통로에는 항상 장애가 존재하지만, 듣기 능력이 높아지면 상향 의사소통도 향상된다. 이를 위해서는 최고경영자들이 솔선수범해야 한다. 최고경영자의 듣기 능력이 좋으면 정보가 위를 향해 움직이게 마련이다.

비즈니스의 모든 단계마다 아랫사람들은 윗사람들에게 마음놓고 자신의 의견을 말할 수 있어야 하며 윗사람은 이를 잘 이해해야 한다. 언제든지 자신의 방문이 열려 있다고 말하지만, 제대로 듣지 못하는 윗사람이 많기 때문에 아랫사람들은 하고 싶은 말을 하지 못하여 윗사람과 점점 거리가 생기게 된다. 이런 경우 윗사람에게 반드시 보고해야 하는 문제까지 말하지 않게 되고, 문제를 듣지 못한 윗사람은 큰 난관에 부딪힐 수밖에 없다.

이러한 듣기 실패에 대한 해결책으로 소위 '비지시적 듣기'라는 방법이 있다. 아랫사람들의 말을 듣고 싶다면 반드시 이 방법을 사용해야 한다. 듣는 사람은 상대방의 말을 진심으로 이해하려고 노력해야 하며, 필요하다면 자신이 이해했다는 것을 행동으로 보여주어야 한다. 무엇보다도 대화 도중에는 상대방의 말을 가로막고 자신의 생각을 말하거나, 말투나 몸짓으로 불편한 마음이나 반대 의사를 표현해서는 안 된다.

비지시적 듣기는 자신이 가장 중요시하는 개념이나 생각이 잘못되었다는 비판도 참고 들어야 하기 때문에 쉬운 일은 아니다. 반론을 말하지 않고 비지시적으로 듣는 데는 평소보다 많은 용기가 있어야 하지만 노력한 만큼의 결과는 얻을 수 있다.

듣기는 대인관계의 한 단면이며 조직의 리더에게 요구되는 업무 중 일부분에 지나지 않는다. 듣기 한 가지만으로는 중요한 문제를 해결하지 못한다. 그러나 많은 경영자와 조직의 경험에 비추어본 결과 잘 들을 경우 비즈니스를 어렵게 만드는 인간적인 갈등은 확실히 줄어들게 된다는 사실을 알 수 있다.

화려한 말솜씨보다는 잘 듣는 것이 중요하다

산업재든 소비재든 모든 마케팅 분야에서 영업사원들에게 많은 스트레스를 야기했던 영업 방식이 스트레스를 적게 주는 방향으로 급속히 변하고 있다. 오늘날의 유능한 영업사원은 소비자의 문제에 초점을 맞춘 영업 방식으로 업무 형태를 바꾸고 있다.

영업사원들이 소비자 위주의 영업 방식으로 사용하기 위해선 말솜씨보다는 잘 듣는 것이 더욱 중요하다. 영업사원들의 말솜씨보다는 듣기의 중요성이 높아지고 있는 것이다. 영업사원들은 듣기를 통해 현장에서 소비자들의 의견을 조사하여 그 즉시 영업 관련 대화에 반영시킨다.

이렇듯 영업사원들에게 듣는 능력이 중요하지만 여전히 많은 영업 조직에서는 뛰어난 말솜씨의 영향력을 믿고 있다. 이런 조직의 영업 전략은 주로 말솜씨를 높이는 데 있다. 소비자들이 무엇을 원하는지는 외면한 채, 자신들의 판매목표량 달성에만 매달리는 것이다. 그러나 성공적인 영업을 하기를 원한다면 말솜씨 외에 듣기 능력도 반드시 향상시켜야 한다.

리더가 먼저 모범을 보여라

비즈니스의 주요 사안은 회의에서 결정된다. 회의석상에서 어떻게 말하고 협상해야 하는가, 문제 중심으로 어떻게 진행해야 하는가, 사람의 유형에 따라 어떻게 대처해야 하는가를 가르치는 교육과 비즈니스 서적은 넘쳐나고 있다. 그런데 '원만한 회의 진행을 위해서는 무엇보다도 듣는 법을 배워야 한다'는 사실은 거의 강조하지 않고 있다고 전문가들은 말한다. 이유는 간단하다. 우리는 회의에서 대부분 기본 목적을 염두에 둔다. 참석자들은 공동 문제에 대한 해결책을 찾기 위해 각자의 관점과 지식과 경험을 제시하고 그중에서 가장 좋은 것을 찾는다. 그러나 듣기보다 말하기가 훨씬 많은 회의를 들여다보면 쓸모 있는 내용은 거의 찾아볼 수 없다.

어떤 회의를 막론하고 참석자들이 상대방의 의견을 많이, 그리고 주의 깊게 들어야 서로의 생각을 활발하게 주고받게 되어 회의가 원활하게 이루어질 수 있다. 뿐만 아니라 서로의 이야기를 잘 들어야 문제 중심으로 회의가 진행되어 옆으로 흘러버릴 가능성이 적게 된다.

회의에서 듣기 능력이 향상되기를 원한다면 리더들이 먼저 앞장서야 한다. 리더가 회의 서두에서 듣기의 중요성을 강조하면 나머지 참석자들의 듣기 태도가 좋아질 가능성이 높다. 또한 리더가 듣기에 모범을 보인다면 다른 참석자들도 따라 하게 마련이다.

결론: 듣기 기술 향상을 위한 14가지 제안

회사 내에서 듣기 향상 프로그램을 운영하기를 희망하는 많은 사람들을 위해 실천 가능한 14가지 제안을 정리해보았다.

❶ 경영자 세미나를 개최하여 비즈니스 수단으로서의 듣기의 역할과 기능을 토론하라.

❷ 경영 훈련 프로그램용으로 나온 사례연구 영화를 활용하라. 사례연구 영화는 마치 실제 상황과 같이 문제를 다루므로 관람자들이 내용을 파악하기 위해서는 듣기 태도가 좋아질 수밖에 없다. 영화를 보면서 소리를 듣는 것은 물론 출연자들의 얼굴 표정, 몸짓, 동작도 관찰하게 된다.

❸ 가능하다면 자격을 갖춘 강연자들을 초청하여 듣기를 어떻게 비즈니스에 적용할지 토론하게 하라. 대학에서 의사소통 훈련의 일부로 듣기를 가르치는 분들을 초빙할 수 있다.

❹ 직원들에게 업무 중에 들은 내용의 리스트를 작성하게 하라. 하루를 시간 단위로 나눈 간단한 양식을 전 직원들에게 나누어 주어라. 각 빈칸은 더 작게 나누어 읽기, 쓰기, 말하기, 듣기에 보낸 시간을 기록하게 한다. 전체 의사소통 시간을 합산한 뒤, 그 결과를 놓고 토론하라. 듣는 데 사용한 시간은 어느 정도인가? 업무 효율성이라는 관점에서 듣기 능력 향상은 어떤 의미가 있는가?

❺ 직원들의 듣기 능력을 측정하고 그 결과를 알려주어라. 다양한 듣기 능력 측정 테스트가 있다. 측정 대상자와 함께 측정 점수의 의미를 토론해보라.

❻ 문학작품이나 연설을 녹음한 자료를 수집하여 자료실을 만들고 녹음기를 비치하라. 자료실에서 듣게 하거나 자료를 원하는 직원들에게 대출해주어 여

가시간에 집에서 듣게 하라. 직원들의 업무와 관련된 자료들을 교육용으로 녹음하여 관심 있는 사람들이 듣도록 권하라.

❼ 공장 책임자와 같은 사람들의 실제 브리핑을 많이 녹음하라. 신입사원 연수의 한 과정으로 이 녹음을 들려주고 이해 정도를 확인하기 위해 객관식 테스트를 실시하라. 새로운 직무에서 듣기가 중요하기 때문에 테스트한다는 사실을 강조하라.

❽ 역할극 상황을 만들어 경영자들이 직원들의 불평을 듣고 대답하게 한다. 경영자들이 얼마나 잘 듣는지 방청객들에게 물어보라. 경영자의 대답은 그가 잘 들었는가를 나타내주는가? 경영자가 직원들의 말에 감정적으로 대응하지는 않았는가? 경영자는 부하직원들이 편하게 말할 수 있는 태도를 보여주었는가?

❾ 영업사원들에게 노트를 주어 여러 구역으로 나누게 하고 그중 한 구역은 고객들을 위해 할애하도록 한다. 고객에게 전화를 건 뒤 고객이 말하는 유용한 정보를 받아 적는다. 정보가 많아지면 영업사원들은 고객을 다시 방문하기 전에 정보의 내용을 참고해야 한다.

❿ 의사를 분명하게 표현하는 우호적인 고객들을 초청하여 영업사원들과 함께 영업 기술에 대해 토론하게 한다. 고객들이 영업사원들의 듣기와 말하기를 어떻게 생각하는가? 고객들에게 자신을 담당하고 있는 영업사원의 듣기 태도 및 능력에 대해 비평하게 하라.

⓫ 연수 기간 동안 특정 문제에 대한 회의를 계획하여 개최하고 회의 내용을 녹음하라. 녹음 내용에 관해 듣기의 관점에서 토론하라. 다른 사람들의 말을 잘 들었는지 각 참석자들의 말에 드러나 있는가? 회의가 궤도에서 벗어났다면 듣기의 관점에서 그 원인을 분석해보라.

⓬ 정기회의 후 시간적 여유가 있다면 듣기를 평가하라. 자신이 말하는 동안

다른 참석자들이 잘 들었는지 평가하며 자신의 듣기에 대한 분석을 보고하게 하라.

⑬ 논란이 있는 문제를 다루는 중요한 경영회의에서는 아이빙 리의 '강제 합의를 위한 절차'를 시도해보라. 아이빙 리가 논문에서 자세히 밝힌 이 절차의 기본 원칙에 따라 회의를 소집하고, 사회자는 논쟁이 되고 있는 입장의 지지자들이 거리낌 없이 주장을 말하게 한다. 반대자들은 설명을 위한 질문, 검토 중인 제안의 특징에 관한 질문과, 말하는 사람의 가정이나 예측이 확인 가능한지 알아보기 위한 정보만을 요청할 수 있다.

⑭ 직원, 직원 가족, 직원 친구들을 위한 강좌를 후원하라. 강의 내용은 교육적이거나 오락적인 흥미로운 주제로 한다. 강좌가 듣기 향상 프로그램의 일부라는 사실을 강조하라.

물론 이 14가지 제안들을 모든 상황에 적용할 수는 없으며, 각 회사의 필요에 따라 제안들을 응용해야 한다. 어떤 제안을 적용하면 어떤 결과가 발생한다는 사실을 중시하기보다는, 듣기에 관해 새롭게 인식할 때 어떤 일이 일어나고 그 결과 듣기 능력이 향상되면 자신의 일과 비즈니스에 어떤 영향을 미치는지 알아내는 것이 중요하다.

사람은 듣는 것보다는 말하고 싶은 충동이 훨씬 강한 듯하다. 또한 자기가 한 말에 대한 피드백을 받거나 상대방이 한 말에 대한 피드백을 주었을 때 피드백에 대한 상대방의 반응을 듣게 되면 분명하고 정직하며 협조적인 태도를 취하기보다는 애처로울 정도로 자기 방어적이 되며 대개는 경쟁심을 갖거나 무성의한 태도를 취하게 되어 결국 오해를 불러일으킨다.

이런 상황에서 듣는 사람은 말하는 사람으로부터 심각한 위협을 느끼게 된다. 말하는 사람으로부터 듣는 사람에게 전달되는 것은 공기 파장이나 빛의 파장과 같은 물리적인 힘을 제외하고는 아무것도 없는데 위협을 느낀다는 것이 흥미롭다. 또한 이 물리적인 힘들은 상당히 약하다. 기계적으로 본다면, 때때로 이들이 만드는 순수한 물리적 효과는 거의 믿을 만하지 않다.

그런데 실제로 이렇게 미약한 파장은 심장박동의 증가와 박피에서부터 구토를 일으키고, 심지어 의식불명에 이르는 증상을 동반하여 심장혈관계, 내분비선, 자율신경계, 골격 근육조직은 물론 듣는 사람의 소화 시스템에 이르기까지 방해를 한다. 한편 공기의 부드러운 진동과 전혀 무해한 빛의 반사를 제외하고는 말하는 사람과 듣는 사람 사이에는 아무것도 전달되지 않는다. 말하는 사람이 소리 지르고 떨고 심하게 뛰쳐나갈 때도 동일하다.

이러한 현상들을 인식한다면 듣는 사람은 덜 두려워하게 되고 말하는 사람은 호통을 치거나 소리를 지른다고 해도 말이 위협적인 힘을 갖게 되는 것은 아니라는 사실을 알게 될 것이다.

2

부하직원이 솔직하게 보고하는
환경을 만들어라

조지 프린스
George M. Prince

회의는 조직의 리더에게 가장 중요한 일 중 하나이다. 각 조직의 리더들은 한 명 이상의 직원이나 동료와 직접 만나 문제를 제기하고 정보를 나누고 프리젠테이션을 하며 새로운 아이디어를 개발하고 때로는 결정을 내리기도 한다. 그런데 회의를 흥미 있고 보람을 느끼는 부분이라고 생각하는 경우는 극히 드물다.

그 이유는 상하관계에 있는 사람들 사이의 대화가 은연중에 윗사람의 의견을 존중하게 되기 때문이다. 윗사람이 권력을 행사하든 안 하든 모든 참석자들은 상사가 자신들의 행동에 대해 상벌을 줄 수 있다는 사실을 잘 알고 있다. 따라서 아랫사람은 회의에 참석해서 자유롭고 솔직하게 말하기보다는 윗사람의 인정을 받기 위한 발언을 하게 되는 것이다.

하지만 조직 내에 이러한 문화가 내포해 있다는 것은 조직이 정체되어 있음을 의미한다. 안 좋은 문제가 발생할 경우, 이러한 조직문화는 문제를 더욱 심각하게 만든다.

조지 프린스는 회의의 역동성을 조사하여 참석자들의 행동이 자발적인 참여를 억제하고 아이디어의 자유로운 교환을 어떻게 방해하고 있는지 밝히고 있다.

또한 윗사람이 자신의 힘을 아랫사람과 공유하고 그들을 동료로 대우해줌으로써 건설적인 아이디어들을 잘 표현해내도록 격려하는 접근 방법을 제안하고 있다.

문제를 다루는 작업은 관리자들의 일상적인 일이다. 관리자가 부하직원을 추종자로 만들지 않으면서 자신의 모든 기술, 경험, 지식을 자유롭게 쏟아 부으려면 판단형에서 분별형으로 바뀌어야 한다. 분별형 관리자는 지도와 통제에 대한 책임을 포기하는 것이 결코 아니다. 한마디로 말하면, 자신의 일을 더 많이 즐기면서 조직에 더 많은 기여를 하고 부하직원도 충일하게 기여하도록 돕는 것이다.

회의는 조직의 리더에게 있어서 가장 중요하다고 할 수 있다. 각 조직의 리더들은 한 명 이상의 직원이나 동료와 직접 만나 문제를 제기하고 정보를 나누고 프리젠테이션을 하며 새로운 아이디어를 개발하고 때로는 결정을 내리기도 한다.

그런데 회의를 비즈니스에 있어 흥미 있고 보람을 느끼는 부분이라고 생각하는 경우는 극히 드물다. 대부분의 회의는 숨겨진 의도가 있고 솔직하지 못하고 재능을 낭비하는 것으로 악명이 높다. 따라서 회의에 참석하는 사람들은 상당한 좌절감과 지루함을 느끼며 회의를 통해 회사가 얻는 성취도도 매우 낮다(이 글의 마지막에 있는 '회의 과정의 본질' 참조).

회의의 성취도가 계속 낮아지는 이유 중 한 가지는 우리가 소위 말하는 '회의'가 상하관계에 놓인 두 사람 혹은 그 인원 이상의 모임을 가리키기 때문이다. 즉, 참석자들은 회의 중에도 조직의 상벌체계가 작용한다는 사실을 결코 잊지 않고 있는 것이다.

대부분의 리더들은 판단형으로 회의를 진행한다. 이러한 회의에서는 아랫사람의 행동을 판단하는 상사의 힘과 권력이 강조된다.

상사는 부하직원들이 제안서를 준비하는 과정에는 전혀 관여하지 않는다. 이는 권한위임, 목표관리, 참여관리 등의 방식을 시도하여 아랫사람들의 자치권을 확대해주는 것처럼 보일 수도 있다.

그러나 실제로 대부분의 중요한 결정은 직급이 높은 상사들의 몫이다. 중요한 결정을 내릴 권한이 있다는 것은 그것만으로도 지위와 힘이 있다는 것을 의미한다.

따라서 직원들은 중요한 문제를 결정하는 힘을 얻고 지키기 위해 전력을 기울이게 된다. 상사들은 결정권과 부하직원들의 행동, 아이디어, 제안을 다소 자유롭게 비평할 수 있는 권한을 갖고 있기 때문에 판단하는 자세를 취하게 된다.

그러나 판단을 해야 하는 상사들은 스스로 자신을 진퇴양란에 빠뜨리기도 한다. 공정을 기하기 위해 아랫사람들과 거리를 두면 상사는 어느 정도 행동에서 물러나 있어야 한다. 반대로 자신의 경험과 기술을 사용하여 토론에 참여하고 결론에까지 도달하려면 어느 한 편에 속하게 된다. 그때는 결정권자로서의 위치가 아니라 부하직원들과 경쟁하는 위치에 서게 된다. 2가지 경우 모두 상사는 협력하여 얻을 수 있는 성취감을 느끼기 어렵다.

실제로 상사가 정직하지 못한 중도의 길을 걸어야 하는 경우도 적지 않다. 상사가 설득과 비공식적인 상벌을 이용하여 자신이 결재할 수 있는 사항만 제안하도록 부하직원을 유도하는 경우가 있다. 그러나 상사가 자신들을 조종했다는 사실을 알면 부하직원들은 분개하게 되고, 그 결과 오해와 의심이 생겨 합심하여 협력하는 일은 점점 더 어려워진다.

협력하여 조직의 목표를 달성하기 위해서는 부하직원들을 어떻게 다루어야 할까? 위로부터의 강요는 역효과를 가져온다. 상사와 부하직원들 사이에는 긴밀한 협력이 이루어져야 한다. 지금부터 새로운 아이디어를 창출하고 혁신을 촉진할 수 있는 분위기를 만드는 방법을 살펴보자.

터놓고 말할 수 있는 조건

조직 내에서 비공식적인 상벌체계는 급여, 상여금, 승진과 같은 공식적인 상벌체계에 비해 눈에 잘 들어오지는 않으나 상당히 직접적이다. 비공식적인 상벌은 부하직원이 상사를 얼마나 의식하느냐에 기반을 두고 있다. 부하직원들은 하루에도 몇 번씩 자신의 행동을 윗사람이 어떻게 받아들일지 고심한다. 쓰라린 거부를 당하기보다는 수락을 받기 위해 윗사람이 아이디어나 제안에 어떻게 반응할지 예측한다.

표면적으로는 아랫사람이 업무를 잘 처리하는 것이 좋다. 그러나 실제로는 전혀 다른 결과를 가져온다. 자기 일에만 충실하면 창의력도 저하되고 조직도 타성에 젖게 되기 때문이다. 다음의 사례와 같이 다소 우스운 상황이 벌어질 수도 있다.

한 회사의 마케팅 담당 부사장에게 왜 부하직원들이 그의 재능과 경험을 활용하도록 협조하지 않느냐고 물었다. 그는 "문제는 그 사람들이 내 말을 너무 열심히 듣기 때문이다. 예를 들어, 내가 '진열대에 놓여 있는 캔이 빨간색이면 더 눈에 띄지 않을까' 라고 생각하면 갑자기 캔이 빨간색으로 바뀌어버린다" 라고 대답했다.

대부분의 상사들은 자신들로 인해 직원들이 조건반사를 일으킨다는 사실을 부인한다. 그러나 상사들은 자신의 상사가 상하관계를 잊게 만들었고 아이디어를 판단하고 추천하는 분명한 권한을 자신에게 위임했는지 자문해보아야 한다.

적절한 통제와 지도는 분명히 필요하지만 조직의 분위기를 지배하는 파괴적인 조건반사식 관계는 매우 염려스럽다.

계층구조 안에서는 직원들이 상사의 말에 무조건 반응하는 조건반사식 분위기가 형성되었다. 왜냐하면 지금까지 이러한 관계가 높은 생산성을 가져왔기에 그 부작용을 무시해온 것이다. 그러나 젊은 관리자들에게 솔직한 의견을 묻는다면 회사에서 조직의 효율과 복지라는 이름 하에 도입한 이 '미키 마우스' 방법에 대해 불만을 표시할 것이다. 이제 나이 든 관리자들도 점차 여기에 동의하고 있다.

효과적으로 제안, 수용, 질문, 거부하기

비즈니스 회의를 녹화한 비디오 테이프를 보거나 오디오 테이프를 듣게 되면 회사 곳곳에 '판단형 관리' 형태가 만연해 있다는 사실을 확인할 수 있다. 수년 동안 수백 개의 테이프를 보고 들은 결과, 나는 다음과 같은 관찰 결과에 여러 번 깊은 인상을 받았다.

- 정중한 거부도 사람들에게 심각한 부정적인 영향을 미친다.
- 다른 사람의 아이디어나 행동의 잘못을 지적하는 데 많은 시간을 보낸다.
- 동의는 사람들에게 긍정적인 영향을 미치고 문제를 해결하려는 분위기를 만든다.

이 섹션에서 나는 비즈니스 회의를 중심으로 이런 현상들을 논의하려고 한다. 성숙한 사람은 평온한 마음으로 운명을 받아들일 수 있다고 흔히 말한다. 어느 정도는 사실이다. 사람이 성숙해지면 철학적 사고를 하게 되고 삶의 오르막길과 내리막길에서도 평온을 유지하는 법을 배운다.

또한 다른 사람에게 자신의 감정을 숨기는 법을 배우기도 한다. 감정을 상하게 한 사람에게 무의식적으로는 비협조적이거나 공격적인 태도를 보이지만 겉으로는 상한 감정을 전혀 드러내지 않는다. 회의 도중 상한 감정은 대개 이성적이거나 잠재적으로 대화에 도움이 되는 말로 포장된다. 사람들은 이러한 사람들을 성숙하다고 하면서도 성숙한 사람이 거부에 대해 얼마나 민감하게 반응하는가는 쉽게 간과해버린다.

이제 회의 중에 일어나는 상호작용을 분석하여 거부의 영향에 대해 연구해보려고 한다(거부와 용납에 관한 나의 논지를 보다 명확하게 하기 위해 여기에서는 상하관계를 언급하지 않는다).

여기 나무 골격에 캔버스 천으로 등받이를 댄 의자가 있다고 가정하자. 그리고 4명으로 구성된 팀에서 이 의자를 바꾸어보려고 한다.

팀원 1 캔버스 천을 나일론으로 대체합시다.

이 말은 제안이다. 제안에 담긴 주요 특징은 정보와 (때로는) 아이디어가 담겨 있다는 것이다. 제안을 한 사람은 자신의 말이 인정을 받고 있다는 느낌을 받고 거기에서 만족을 얻으려고 한다.

팀원 2 좋은 생각입니다. 나일론은 내구성이 더 높으니까요.

이 말은 용납이다. 제안자에게 신뢰를 보내며 그 제안에 동의하는 이유를 덧붙이고 있다. 처음 용납한 사람은 용납하는 행동에서 즐거움을 얻는 경향이 있다. 또한 이러한 용납 행위로 팀원 1은 자신의 가치가 높아졌다고 생각하고 만족감은 배가된다. 또한 팀원 2를 같은 취향과 견해를 지닌 같은 편으로 여기고 주목할 만한 사람이라고 생각한다.

팀원 3 나일론을 우리가 사용하는 밝은 색으로 염색할 수 있을까?

이 말은 질문으로, 변하기 쉬운 카멜레온 같은 요소다. 제안자인 팀원 1은 우호적인 질문은 분명히 정보를 구하는 것이라고 인식한다. 팀원 1은 단어와 어투와 비언어적인 신호들로 이 질문이 우호적인지를 판단한다. 일단 우호적이라고 인식하면 제안자는 긍정적인 감정을 가지고 팀원 3에게 솔직하고 편안하게 반응한다. 그러나 질문이 우호적이지 않다고 생각하면 거부하게 되고 방어적이거나 공격적으로 반응한다. 대화 참가자들은 질문을 통해 제안자가 자신의 제안을 방어하게 하거나 제안의 잘못된 부분을 찾아내도록 한다.

팀원 4 좋은 생각입니다. 하지만 나일론은 캔버스 천보다 훨씬 많이 늘어나기 때문에 사용자가 나무 골격에 닿게 됩니다.

이 말은 다른 종류의 거부다. 거부의 주요 특징은 부정적이라는 데 있다. 제안자들은 아무리 정중하고 사실에 입각한 정확한 정보라고 해도 부정적인 정보는 혹평으로 받아들인다. 제안자는 자신이 중요하다는 생각과 만족감에 상처를 받게 된다.

거부하는 사람들의 감정은 복합적이다. 거부를 입증하는 정보가 중요하고 필요한 것이라고 해도 누군가를 비난하는 데 정보를 사용했다는 생각 때문에 정보를 제공했다는 만족감은 사라지게 된다.

겉으로 드러나는 반대와 알아채지 못하는 반대

대화 중에 발생하는 모든 상황은 처벌과 반발로 표현할 수 있다. 거부하는 방법은 수천 가지에 이른다. 부적절한 어투를 사용하면 용납이나 질문도 단호한 거부로 바뀔 수 있다.

예를 들어, '정말 우리가 그렇게 하기를 바라십니까?' 와 같은 질문은 명확한 거부다. 반대 제안, 침묵, 주제 변경을 비롯한 많은 행동들이 같은 뜻을 지니며 비언어적인 형태로 이루어진다.

여러 명이 모이는 회의의 경우 회의록의 반 정도는 거부와 관련이 있다. 열띤 토론을 벌일 때 사람들은 많은 거부 의사를 알아채지 못하고 지나쳐 버리는 경우가 많다. 참석자에게 자신에 대한 어떤 부정적인 행동을 알아챘는지 물어보면 대부분 '아니요' 라고 답한다.

우리는 거부를 받아들이는 것처럼 행동한다. 그렇게 해야 성숙한 행동이라고 생각하기 때문이다.

그런데 참석자가 거부에 상처를 입고 화가 났다는 사실을 알지 못하는 경우가 있다. 그러나 그 사람의 비언어적인 반응을 주의 깊게 관찰해보면 희미하게나마 알 수 있다. 활기찬 얼굴이 무표정하게 변하고 팔짱을 끼거나 머리를 약간 뒤로 젖히기도 한다.

더 명백한 증거는 나중에 찾을 수 있다. 거부 당한 제안자들은 자신의 제안을 정당화시키려고 애쓰거나, 거부 내용에 대해 반응하기보다는 받은 대로 갚으려고 한다. 대화를 계속 들어보자.

팀원 4 좋은 생각이 있습니다! 천의 이 부분을 두 배로 하고…….

팀원 1 그러면 비용이 너무 많이 듭니다.

팀원 1은 내용을 다 듣지도 않고 팀원 4의 아이디어를 거부했다.

처음에는 칭찬하는 듯하다가 반대로 입장을 바꾸면 제안자는 강한 거부감을 느끼게 된다. 상사가 자신의 이런 입장 변화를 인식하지 못할 경우, 잘못을 지적하거나 반대 질문을 많이 하는 경향이 있다. 이런 2가지 반응은 대개 거부로 인식된다. 따라서 상사는 자신의 의도와 다르게 부하직원을 벌하고 조정하게 되어 아이디어를 제시하거나 행동을 할 때 조심스러워지게 만든다.

단점을 지적하는 것이 단점을 극복하는 첫 번째 단계다

특정한 문제를 논의하는 회의에서 잘못에 대한 지적은 거듭된다. 예를 들어, 한 참석자가 문제를 해결하는 데 도움이 되는 아이디어를 제시했다고 하자. 그런데 구성원들이 보기에는 전적으로 받아들일 만한 해결책은 아니다. 상사와 다른 참석자들이 이 아이디어의 단점에 대해 단호하게 지적한다. 그룹은 이 아이디어를 버리고 새롭고 더 나은 아이디어를 찾는다.

사람들은 이처럼 실행할 만한 가치가 있는 좋은 아이디어인지 판단하거나, 도움이 되지 않을 경우 재빨리 지워버리는 방법이 이성적이고 유용한 방법이라고 생각한다.

그러나 여러 그룹들을 대상으로 수백 번의 실험을 실시한 결과 이러한 방법은 옳지 못하다는 사실이 드러났다. 즉, 10개의 그룹 모두 동일하게 주어진 어려운 문제를 푼다면 9개 그룹은 문제 해결책을 찾는 데 실패한다. 나머지 1개 그룹은 다른 9개 그룹에서 버린 아이디어를 검토하고 세부적인 부분은 해결하지 못하지만 채택할 것을 결정한다. 이 그룹은 아이디어의 부족한 점을 고민하고 수정 작업을 거쳐 결국 나쁜 아이디어를 세부적으로나마 보완하여 좋은 아이디어로 변모시킨다.

　나는 이 반복 실험의 결과들을 분석하면서 초기 테스트에서 통과하지 못하고 탈락한 아이디어들을 찾아냈다. 그러나 이 폐기된 아이디어들은 모두 문제에 대한 적절한 해결책으로 변경시킬 수 있고, 약 10개 그룹 중 특이한 1개 그룹에서 이 아이디어들에 대해 관심을 갖고 협력하여 단점을 극복하려고 노력한다.

　이 실험들을 녹화한 비디오 테이프를 보면서 나는 그룹의 참가자들이 아이디어의 단점을 극복하기보다는 단점을 지적하는 데 얼마나 초점을 맞추고 있는지 관찰할 수 있었다. 하나의 사례 또는 여러 사례에서 얻은 증거는 '단점을 지적하는 것이 단점을 극복하는 첫 번째 단계다' 라는 사실을 뒷받침하고 있다. 물론 사실이다. 그러나 수많은 사례들에서 보는 것처럼 단점을 지적하는 차원을 넘어서 아이디어의 장점을 보려는 두 번째 단계로 넘어가지 못하고 있다.

　따라서 단점 지적이 다른 목적으로 이용된다는 증거를 찾아볼 수 있다. 말투가 우호적이지 않고 경멸적이거나, 듣고 있기 힘들다는 표정이나 몸짓을 하거나, 또는 제안자의 심기를 불편하게 함으로써 만족을 얻는 사람들도 있다. 도움이 되는 의견과 함께 잘못을 지적하는 경우는 아주 드물다.

　잘못을 지적하는 태도에는 어떤 목적이 있는가? 나는 다른 사람을 지배하려는 의도가 있다고 생각한다. 무한경쟁의 시대에서 동료의 아이디어를 가치 없게 만들거나 최소한 손해를 보게 만들어서 동료들을 이겨야 한다는 생각을 품고 있는 것이 아닌가. 관리자들도 이런 감정에서 예외가 아니다.

우호적인 분위기에서 아이디어가 나온다

회의 수준이 향상되는 시기는 생산성을 높이기 위해 참석자들 사이에 방어나 복수를 불러일으켜서는 안 된다는 사실을 관리자가 인식할 때다. 관리자는 불완전한 생각이나 아이디어도 터놓고 말할 수 있는 분위기를 조성해야 한다. 이런 분위기에서 그룹은 모든 아이디어를 검토하고 사용해야 한다. 결점도 살펴보고 그룹 전원이 결점을 극복할 수 있어야 한다.

경험으로 볼 때, 이런 분위기가 형성되면 거부하거나 비우호적인 질문을 하거나 결점을 지적하는 행동은 실제로 사라지게 된다. 아이디어 창출이 눈에 띄게 늘어나며, 모든 아이디어에 관심을 가지고 검토하게 된다. 이렇게 회의를 마치면 참석자들은 가치 있는 일을 했다는 생각에 유쾌해지고, 심지어는 개인적인 이득을 얻게 되기도 한다.

이런 형태의 회의에서 얻는 성과는 평가하기 어려울 정도로 크다. 참석자들은 이런 회의를 전통적인 형태의 회의보다 더 생산적이고 유용하다고 평가한다. 그러나 모든 회의마다 문제 해결책의 수를 헤아릴 수는 없다. 가장 중요한 결과들은 훈련된 협력을 통해 점차적으로 얻게 된다. 또한 개인과 그룹은 성취도가 높아지고 만족도와 동기부여도 증가한다.

직원들을 지휘하기보다는 다양한 재능을 인정하라

판단형 관리 방식에 상당히 많은 결점이 있음에도 불구하고 누구나 이 관리 형태를 사용하는 이유는 무엇인가? 앞에서 나는 우리의 문화 속에서는 분명한 다른 대안이 없다고 말했다. 생산성과 이익을 강조하는 현실에서 유능한 관리자는 중요한 문제를 다루는 데 자신의 힘을 이용할 수밖에 없다.

관리 형태의 선택 폭이 좁은 또 다른 이유는 모델이 부족하기 때문이다. 교사와 관리자와 동료와 부하직원 사이에서 판단하지 않는 사람을 찾아내기는 어렵다. 또한 직원에게 벌을 주려는 양상이 판단형 관리 방식의 사용을 부추기기도 한다.

월터 노드는 "처벌은 행동통제 수단으로 우리 사회에서 가장 널리 사용된다"라고 말한다. 그는 처벌은 바람직하지 않은 반응을 즉각 중지시킬 수 있기 때문에 처벌을 하는 사람은 보상과 격려를 받는다고 말한다. 부정적이고 결점을 지적하는 것도 처벌이라면 관리자가 판단하는 입장을 취하려는 이유를 이해할 수 있을 것이다.

이와는 반대로 결과를 얻기 위해 지지하고 협조하는 관리자는 분별력 있는 관리자라고 할 수 있다. 이런 관리자는 권한, 능률, 역할, 의사결정에 대해 다른 가정을 한다. 다음 페이지의 '판단형 관리자와 분별형 관리자의 가설 비교'라는 표에는 이 두 유형의 차이가 현저하게 드러나 있다(이 표는 아브라함 매슬로우, 더글라스 맥그리거, 고던 립피트 등 인본주의 심리학자들의 사상에 근거를 둔 것이다).

사람들의 행동양식은 상당히 일정한 형태를 지니고 있다. 회의에서 한 사람이 사용하는 전략은 다른 상황에서 사용하는 전략과 동일하다. 예를 들어, 어떤 아이디어에 대해 비판할 때 유머를 사용하여 분위기를 유연하게 하는 관리자는 자신이 다른 사람들에게 힘을 사용하는 상황에서도 틀림없이 같은 행동을 한다. 거부 의사를 숨기기 위해 질문을 사용하는 관리자도 다른 상황에서 똑같은 행동을 한다.

판단형 체계에서 비공식적인 상벌 제도를 바꾸는 일은 혼란을 초래할 수 있으므로 변화하기가 힘들다. 예를 들어, 자율과 협력은 정반대인 듯하다. 자율적인 사람은 덜 방어적이고 경쟁할 필요를 느끼므로 다른 사

표 2-1 판단형 관리자와 분별형 관리자의 가설 비교

판단형 관리자	분별형 관리자
가장 효율적인 모드는 리더가 지휘하는 것이다.	가장 효율적인 모드는 다양한 재능을 함께 활용하는 것이다.
의사결정을 내리는 나의 권한을 지켜야 한다.	최고의 결정은 나와 참석자의 권한을 합할 때 나온다.
나에게 결정권이 있는 모든 행동 과정을 내가 결정한다.	부하직원들에게 행동 과정을 간들게 하고 일의 진행에 따라 내 생각을 덧붙인다.
내 권한 내에서 모든 자율권을 행사한다.	내 권한을 사용해 부하들의 자율권 개발을 돕는다.
나의 성장을 위해 내 권한을 사용한다.	내 권한을 분배하여 나와 더불어 부하직원들도 성장하게 한다.
내가 사람들에게 동기부여를 한다.	사람들은 성취를 통해 동기를 부여받는다. 따라서 나의 성취 기회를 다른 사람들에게 준다.
부하직원들의 노력을 검토, 감독, 통제한다.	나의 경험, 힘, 기술을 사용하여 부하직원들의 임무 달성을 돕는다.
내가 관리하는 그룹의 결과는 나의 업적으로 삼는다.	부하직원들의 업적을 명확하게 인정한다.
결과를 얻기 위해 결점을 지적하고 수정하게 한다.	결과를 얻기 위해 서로 협력하여 오류를 극복한다.
내가 받아들이지 못하는 방법으로 부하직원들이 의사표현을 하거나 행동을 한다면 즉시 잘못을 지적한다.	내가 받아들이지 못하는 방법으로 부하직원들이 의사표현을 하거나 행동한다면, 그렇게 해야만 하는 이유가 있다고 생각하고 그들의 입장에서 그들의 행동을 살펴본다.
우리는 성숙한 사람으로 파괴적인 결과 없이도 무시와 비평을 받아들일 수 있다.	성숙한 사람이라도 어느 정도는 무시와 비평에 스트레스를 받아 협력을 어렵게 만든다.
나의 역할은 내가 속한 그룹의 임무를 규정하는 것이다.	임무 규정을 하는 내 역할은 부하직원들과 나 자신의 발전을 촉진하는 데 있다.

람의 행동이나 아이디어를 평가하고 지지하고 이용하는 데 자유롭게 자신의 힘을 사용한다.

사람과 상황은 계속 변화한다. 누구에게나 반갑지 않은 일이 있고 실수를 하기도 하고 일을 잘 대처하지 못하는 때도 있다. 오해와 혼란은 매일매일의 삶의 일부다. 그러므로 관리자는 역할과 기대를 계속 설명해야 한다.

타인의 가치를 인정하라

회의는 타인의 가치를 인정하는 데 가장 이상적인 모임이다. 역할과 기대를 명확히 하기 위해 회의를 활용하는 최선의 방법은 테이프로 기록을 남기는 것이다(비디오 테이프를 이용하는 것이 가장 좋지만 오디오 테이프도 상관없다). 테이프로 기록하지 않고는 회의의 빠른 진행을 재구성하기는 불가능하다. 회의 후 참가자들은 테이프를 분석하면서 자신이 내놓은 제안을 다시 분석할 수 있다.

일례로 간단한 대화를 분석해보자. 이 대화에서는 한 식품가공회사의 관리자와 부하직원들이 배송비용 절약 방안에 대해 논의하고 있다.

팀원 1 생산을 분산시키면 배송료를 절감할 수 있지 않을까요?

팀원 2 배송회사들 간에 좀더 경쟁을 시키면 효과가 있을 겁니다.

관리자 8개월 전에 A운수와 논란이 있었고 다른 회사에서도 입찰이 있었지요. 그 가능성을 다시 검토해보는 게 좋겠습니다.

이 대화에서 플러스 요인과 마이너스 요인을 다음과 같이 분석할 수 있다.

플러스(+) 단시간에 2가지 다른 제안이 나왔다.

플러스(+) 모든 사람이 동일한 문제의 한 가지 측면에 집중한다.

플러스(+) 관리자가 한 가지 제안을 수락했다.

마이너스(−) 팀원 1의 제안은 다른 사람이 무시하면서 거부되었다.

마이너스(−) 팀원 2는 팀원 1의 제안이 실용적이지 않다고 말했다.

마이너스(−) 관리자는 부하직원들을 경쟁과 승패를 가르는 위치에 놓았다.

다음 단계에서 그룹은 각각의 마이너스 요인을 문제로 분류하고 해결책을 찾을 것이다.

여기서 팀원 1의 제안을 거부하지 않는 방법을 찾아보자. 관리자는 아이디어 제안을 격려하고 싶었지만 팀원 1에게 부정적인 영향을 미쳤다. 관리자는 모든 제안을 인정해야 하고 그 안에 어떤 가치가 있다고 생각해야 한다는 사실을 알고 있었지만, 팀원 1의 제안을 가차 없이 거부했다.

그 이유는 무엇인가? 대화에서 보면 관리자는 2가지 제안을 동시에 들었다. 물론 이런 일은 회의에서 자주 일어난다. 관리자는 지금까지의 회사의 경험에 비추어 좀더 실질적인 제안을 선택했다. 관리자 자신은 철저히 이성적인 행동이었다고 생각하지만, 팀원 1은 자신의 아이디어가 자의적으로 거부되었다고 생각한다. 관리자가 어떤 근거르 그런 결정을 내리게 되었는지는 생각하지도 않는다.

이렇게 한 가지 주제를 바라보는 관리자와 팀원 1의 입장에는 차이가 있다. 이런 인식의 차이는 오해와 혼란으로 이어진다. 피해자인 팀원 1은 대화의 의미를 곰곰이 생각하는 데 에너지를 낭비하거나, 심한 경우 분노를 느끼고 무의식적으로 '복수하겠다' 는 다짐을 하게 된다.

'거부' 를 피하기 위해서는 아이디어를 듣는 즉시 결점이 떠오르더라도 제안자에게는 어떤 의미가 있는 아이디어라는 생각을 해야 한다. 아이디어의 유용한 측면을 먼저 생각하는 것이 듣는 사람의 임무다.

관리자는 자신의 기지와 상상력을 동원하여 아이디어의 장점을 생각해내고 격려한 후에 관심을 표현하거나 결점을 말해야 한다. 결점을 해결하는 일이 부가적인 문제라고 말해준다면 해결책을 찾아내는 데 그룹의 에너지를 집중시킬 수 있을 것이다. 회의에 참석하는 모든 사람들이 이런 기술을 사용한다면 배송료 회의는 다음과 같이 전개될 것이다.

팀원 1 생산을 분산시키면 배송료를 절감하지 않을까요?

관리자 분산시키면 회사에 좋은 점도 있을 겁니다. 배송비도 절약되고 소규모의 빠른 생산공장을 갖게 될 겁니다. 이 아이디어의 또 다른 장점은 대규모로 집중된 작업을 분산시켜 회사 내에서 책임을 골고루 분배할 수 있다는 점이지요. (관리자는 팀원 1의 아이디어에 대한 가치를 인정하고 자신의 일부 가치도 드러내면서 자신의 생각을 이야기한다.) 여기에 몇 가지 검토할 문제가 있습니다. 먼저 비용 부담 없이 어떻게 분산시켜야 하는가입니다. 또 하나는 소형 공장의 장점을 모두 유지할 수 있는가입니다.

팀원 2 비용을 줄일 수 있는 아이디어가 있습니다. 포장라인 전체를 우리가 운영의 적임자라고 생각하는 사람에게 주면 어떨까요? 그 사람과 독점계약을 맺는 겁니다.

관리자 그렇군요. 그렇게 하면 자금 문제를 해결할 수 있겠네요. 그 사람에게 장비를 대여해주면 생산 문제에서 벗어날 수 있겠네요. 그리고 우리가 우

위에 있는 마케팅에도 보다 신경을 쓸 수 있고요. 하지만 2가지 생각할 문제가 있네요. 회장님은 완전한 생산 공정을 선호하시는데 회장님을 어떻게 설득할 수 있을까요? 그리고 품질 통제도 어떻게 유지하지요?

팀원 1 제 생각에는 생산은 여기에 그대로 두고 지금처럼 통제하는 것이 좋을 듯합니다. 즉, 스튜하고 수프는 여기서 농축하고 재처리하거나 재포장하는 공장은 분산된 다른 장소로 옮기는 겁니다.

관리자 좋아요. 탱크 차량으로 농축물을 보낼 수 있겠네요. 이 생각이 괜찮네요. 대량 배송 차량을 사용한다면 농축을 하지 않아도 되겠어요. 그럼 2가지를 검토해보죠. 농축 재처리 생각과 분산된 포장 공장으로 대량 수송하는 문제를 살펴보죠. 혹시 또 다른 의견이 있나요?

부하직원들의 가치를 인정하고 기대치를 명확하게 하는 또 다른 방법은 그 일을 직접 수행하는 사람에게 의사 결정권을 주는 것이다. 회의의 목적(또는 목적의 일부)은 관리자가 대안을 얻는 데 있다. 관리자는 계속 참여하는 역할을 하되 의사 결정권을 가로채지 않도록 주의해야 한다. 관리자가 대안을 얻고 싶다면 먼저 검토 중인 아이디어의 장점을 언급하고 나서 자신이 발견한 결점을 지적해야 한다.

마지막으로 부하직원들은 여러 대안 중에서 선택하면 된다. 부하직원들은 관리자가 좋다고 생각하는 대안을 선택할 수도 있지만 최고를 선택하지 않을 수도 있다. 이런 경우 관리자는 자신의 성격을 드러내게 되는데, 최종 책임은 관리자에게 있기 때문에 부하직원의 결정을 받아들이기는 쉽지 않다.

관리자는 상사에게 왜 '차선책'을 택했는지 설명하라고 추궁을 당할 수도 있다. 이때 분별형 관리자는 부하직원들이 점차적으로 조직에 기여하고 자율적이 되기 위해서는 자신이 이런 위험을 거듭 감수해야 한다는 사실을 알고 있다.

이런 방법을 통해 관리자는 관리자인 자신을 바라보는 다른 사람들의 인식에 많은 변화를 줄 수 있다. 관리자는 자신의 경험과 지혜에만 의존해 판단하거나 자신에게 좋은 대안을 받아들이라고 강요해서는 안 된다. 관리자는 부하직원들을 격려하고 가르치고 지도하고 그들의 힘을 이용해야 한다. 관리자는 그들의 행동에 깊숙이 참여하고 그 일부가 되어야 한다. 그것이 가능할 때 회의는 제안에 대해 많은 보상을 하는 모임이 될 수 있다.

결론: 판단형 관리자에서 분별형 관리자로 변신하라

문제를 다루는 작업은 관리자들의 일상적인 일이다. 관리자가 부하직원을 추종자로 만들지 않으면서 자신의 모든 기술, 경험, 지식을 자유롭게 쏟아 부으려면 판단형에서 분별형으로 바뀌어야 한다. 분별형 관리자는 지도와 통제에 대한 책임을 포기하는 것이 결코 아니다. 한마디로 말하면, 자신의 일을 더 많이 즐기면서 조직에 더 많은 기여를 하고 부하직원도 동일하게 기여하도록 돕는 것이다.

:: 회의 과정의 본질

승진을 하려는 젊은 직장인들에게 회의보다 더 좋은 수단은 없다. 지금으로부터 50년 전에는 직속 상사가 보는 앞에서만 일을 했을지 모르나, 지금은 회의를 통해 지위 고하를 막론하고 모든 상사들에게 자신의 기량을 보여줄 수 있다.

최소의 회의 기술을 이용하여 철저히 준비하여 질문을 하고 적절한 제안으로 주목을 받으면서 회의에 참석할 수 있다.

그러나 회의를 통해 주목을 받은 사람도 곧 회의 과정에 실망을 하게 되고 회의의 본질에 갈등을 느끼게 된다. 그는 알다시피 팀플레이에 아주 탁월하다. 팀플레이에 서툴렀다면 승진을 하지도 않았을 것이다. 그런데 점차 '멀티 경영'과 같은 회의의 다른 면을 보기 시작한다. 여전히 똑같은 표정을 하고 명령하기보다는 제안하기를 정말 좋아하는 것처럼 행동하고, 자기는 단지 제안하는 중이라고 자신을 반쯤 설득한다. 그러나 속으로는 자만심이 커지고 있다.

관리자는 사교력이 필요하다고 판단하면 철저하게 사교적이 될 수 있다. 그러나 도움이 되지 않는다고 생각하면 절대 사교적이지 않는다. 관리자들의 가장 큰 불만은 일과 후의 여흥 또는 일과 중의 인간관계와 같은 사교활동을 참고 견뎌야 한다는 것이다. 부사장 진급을 노리는 다소 학구적인 관리자는 이렇게 말한다.

"'도움이 되는 일'과 '도움이 되지 않는 일'의 차이는 내가 있는 위치에 여러분이 처해 보면 알게 된다. 관리자는 대화를 하고 회의를 하는 등 도움이 되지 않는 많은 일을 참고 견뎌야 한다. 공허감과 좌절감은 엄청나다. 참고 견디겠다고 결심하면 전혀 문제가 없으며 단지 도움이 되는 말에 귀를 기울이기만 하면 된다."

3

상사를 완전히 신뢰하는
부하는 없다

페르난도 바톨로메
Fernando Bartolomé

관리자에게 문제점을 초기에 찾아낼 수 있는 능력이 있다면 그것은 매우 큰 장점이 될 수 있다. 문제를 찾아내는 가장 좋은 방법은 부하직원들이 스스로 보고하도록 만드는 것이다. 그런데 어떻게 부하직원들을 솔직하게 만들 수 있을까? 어떻게 자기 실수와 관리자의 실수를 망설이지 않고 말하게 만들 수 있을까? 이것은 매우 힘든 일이다.

그 이유는 바로 조직문화의 솔직함에 기인한다. 솔직함은 신뢰에 근거한다. 솔직함과 신뢰는 본질적으로 엄격한 한계가 있다. 대부분의 관리자들은 자신이나 부하직원을 보호해야 한다는 명목으로 침묵한다. 또한 직원들은 스포트라이트를 피하고 싶거나 겁을 먹었거나 무능해 보이는 것을 두려워하기 때문에 자신의 문제를 도움 없이 해결하려고 애를 쓴다. 고용자는 고용주를 항상 재판관으로 본다. 그러므로 관리자들은 부하직원들로부터 신뢰를 받고 그들이 상사를 두려워하지 않는 방법을 터득해야 한다. 여기에는 6가지 주요 요소가 있다.

'의사소통'은 항상 쌍방향이어야 한다. '지원'은 위급할 때 가깝고 도움이 되며 관심을 보인다는 의미다. '존중'은 권한을 주고 부하직원이 하는 말에 귀를 기울이는 것이다. '공정'은 부하직원들에게 공로를 인정해주고 잘못은 엄밀하게 평가한다는 의미다. '예측 가능성'은 행동이 우발적이거나 기대에서 벗어나지 않으며, 약속은 반드시 지켜 신뢰감을 줄 수 있어야 한다는 의미다. '유능함'은 자신의 일을 알고 잘 수행한다는 의미다.

그러나 신뢰의 한계 때문에 좋은 관리자는 정보량의 감소, 사기 저하, 모호한 언어 메시지, 비언어적인 신호들, 실적 감소 등의 문제를 예고하는 다른 징후들도 주의 깊게 살펴야 한다. 이런 징후들이 감지되면 상세하게 확인하고 보충 정보를 수집해야 한다. 이에 필요한 핵심 기술이 정보를 적절하게 사용하고 전달하고 만드는 의사소통 네트워크이다.

심각한 문제가 발생하기 전에 미리 해결할 줄 아는 관리자는 비즈니스 게임에서 두 걸음 앞서 간다고 할 수 있다. 이런 관리자와 함께 일하는 부하직원들은 필요 없는 비용을 절감하거나 끔찍한 재앙을 방지하게 되며, 관리자들은 담당 부서를 원활하게 운영하고 문제를 초기에 가볍게 해결한 공으로 승진의 기회도 얻는다.

물론 절대 쉬운 일은 아니며, 유일한 비결은 문제를 일찍 파악하는 데 있다. 그렇다면 문제를 초기에 알아내려면 어떻게 해야 하는가? 유능한 관리자는 문제의 싹이 돋고 있다는 것을 어떻게 찾아낼 수 있는가? 그들의 경고 시스템은 무엇인가?

유능한 관리자들은 모두 개인 정보망을 갖고 있으며, 대부분 문제의 초기 징후를 감지하는 육감이 발달되어 있다. 그러나 문제를 찾아내는 가장 간단하고 일반적인 방법은 부하직원들에게서 직접 듣는 것이다.

계획대로 일이 잘 수행될 때는 정보를 얻기 쉽다. 대체로 직원들은 상사에게 좋은 소식을 말하는 것을 좋아하기 때문이다. 그러나 계획이 제대로 실행되고 있지 않다는 사실은 좀처럼 보고하려고 하지 않는다. 문제를 밝혀 책임을 떠안게 되거나 밀고자나 신입사원처럼 보이는 것을 두려워하기 때문이다. 부하직원들이 문제를 솔직히 말하지 않는 것은 문제와 관련된 위험이 있기 때문이기도 하다. 구매부에서 인계한 기계가 제대로 작동되지 않는다고 상사에게 보고하기는 정말 쉽지만, 기계 불량에 대한 책임이 자신에게 있다고 인정하기는 훨씬 힘들며, 그 책임을 상사에게 돌리는 일은 더더욱 힘들뿐더러 위험하기까지 하다.

그러나 부하직원들이 보고하기 힘든 나쁜 소식도 보고하게 만드는 일은 매우 중요하다. 회사의 입장에서는 문제를 빨리 발견하고 진단하고 바로잡을수록 유익하기 때문이다.

매사에 개방적이고 솔직한 직원들이 있는 회사는 거의 대부분 효율적으로 운영할 수 있지만 완벽하게 솔직하기를 기대하기는 어렵다(또한 받아들이기 힘들 수도 있다). 솔직함은 신뢰에 바탕을 두고 있으며 계층 조직에서 신뢰는 본질적으로 분명한 한계가 있다.

의사소통 실패에 대한 대가는 혹독하다

계층 구조에서 평가하고 벌을 주는 위치에 있는 사람이 자리에 있으면 당연히 힘이 약한 사람은 약점, 실수, 실패를 드러내는 일에 극도로 조심한다. 권위 앞에서 신뢰는 무력하고, 무엇보다도 재판관 앞에서 신뢰는 무기력해진다.

관리자들은 어쩔 수 없이 부하직원들 판단해야 하는 자리에 있다. 좋은 관리자는 공식적인 자리에서만 평가를 할 뿐 다른 환경에서의 판단은 피할 수 있으며, 긍정적이고 건설적인 방법으로 비평할 수 있다. 그러나 부하직원들은 상사를 재판관으로 보는 경향에서 벗어날 길이 없다.

솔직함의 장애물 중 하나는 자기방어다. 가끔 자기 부서의 실패를 숨기고 자체 내에서 일을 바로잡으려는 경우가 있다. 일례로 소프트웨어를 개발하는 한 그룹이 일정에 차질이 생겨 납품 기일을 더 이상 미루지 못하는 상황이 되었는데도, 그때까지 관리자에게 아무런 사실도 말하지 않은 경우가 있었다. 납품은 3개월이나 늦어졌고 회사는 위약금을 물어야 했다.

개발 그룹은 연기에 대한 최종 책임을 져야 했으므로, 결과적으로 사실을 숨기는 것으로는 자기방어를 할 수 없었다. 사람은 가끔 근시안적인 생각을 한다. 한두 번 정도는 당장 현재의 불쾌함을 피하기 위해 불확실한 미래의 재앙을 선택한 경험이 있을 것이다.

이와 비슷한 사례로 자기방어를 위해 자기 부하를 보호하기도 한다.

나는 대규모 제조회사의 재무 담당 부사장이었고 27명의 부하직원을 두고 있었다. 한 여자 신입사원이 중요한 업무를 완수하지 못했다. 그 여직원의 상사는 업무 실패를 나에게 보고하지 않아 일을 바로잡으려면 심각한 혼란이 일어날 지경에 이르렀다. 그가 보고하지 않은 이유는 내가 그에게 해결하기 어려운 문제를 직접 해결할 것을 지시하리라고 생각했기 때문이다.

직원이 고객을 보호하려고 하는 경우도 가끔 있다. 한번은 영업사원이 주요 고객 중 한 명에게 재정적인 문제가 있다는 정보를 숨겼다. 얼마 후 고객은 파산했고 회사는 50만 달러의 손해를 보았다.

우리는 이 영업사원이 왜 그렇게 행동했는지 그 동기에 대해 추측할 수 있을 뿐이다. 문제의 회사가 망하기 전에 수수료를 받으려는 의도가 있었거나, 단골 고객을 잃지 않으려는 생각이었거나, 위험이 과장되었다고 판단했을 수도 있다. 어쨌든 영업사원은 문제를 보고하지 못했고 상사는 위험의 징후를 알아채지 못했기에 결국 회사는 50만 달러의 손해를 입었다.

침묵의 동기가 적어도 표면적으로는 칭찬받을 만한 경우도 종종 있다. 사람들은 문제를 해결하려고 노력하는 동안에는 문제에 대해 침묵한다. 대부분의 사람들은 자신의 힘으로 문제를 해결하기 때문에 급여를 받는다고 생각하고 그러한 생각이 옳다고 믿고 있다. 물론 사소한 문제를 가지고 매번 상사에게 달려갈 필요는 없다. 그러나 문제가 심각해지면 관리자는 문제에 대해 알 필요가 있다.

작은 문제와 큰 문제의 구분이 모호할 경우는 판단하기가 어렵다. 문제가 발생하자마자 즉각 신속하게 처리하면 회색지대에 위치한 문제들이 더 이상 심각해지지는 않지만 자신만만한 상사들, 특히 경험이 부족한 상사들은 자신의 힘으로 문제를 해결할 수 있다는 것을 증명해 보이려고 지나치게 욕심을 부린다.

나는 제약회사의 약품 연구 책임자다. 나의 업무는 연구개발로, 신상품 마케팅을 하는 데 아주 중요하다. 전 세계에 신약 허가를 받으려면 매우 중요한 자료를 받아야 하는데 받지 않았다는 사실을 한 관리자가 발견했다. 그 관리자는 4개월 동안 혼자 자료를 얻기도 하고 자료 없이 진행하려고 애를 쓰면서도 나에게 그 문제를 알려주지 않았다. 결국 판매 허가를 받는 데 8개월을 지체했다. 이 기간은 상품 특허 기간의 10퍼센트에 해당하는 시간이며, 이 상품의 전 세계 연간 최고 매출 추정액은 1억 2,000만 달러다.

정치도 솔직함을 막는 장애물이다. 조직은 정치적인 체계이고 피고용자들은 정치적인 투쟁에 종종 개입될 때가 있다. 부하직원이 자기 편이 된다는 보장은 전혀 없다.

미국의 한 엔지니어링 상품 회사에서 있었던 일이다. 미국인 CEO는 스웨덴 회사의 라이센스를 받아 성공적으로 상품을 제조했지만 스웨덴 파트너를 무척 싫어했고 라이센스 비용도 맞지 않는다고 독단적으로 결론을 내렸다. 간부들의 반대를 예상한 이 CEO는 스웨덴 회사의 경쟁기업으로 규모도 훨씬 작고 기술 면에서도 뒤떨어지는 회사와 비밀 인수 협상을 시작했다.

협상은 혼자 감당하기에 어려울 만큼 복잡했기 때문에 반대가 예상되는 부사장들을 피해 그들의 부하직원들에게 비밀리에 도움을 받았다. 간부들은 협상이 공개될 시점이 되어서야 사실을 알게 되었고, 거래를 중지시키기에는 너무 늦어버렸다. 스웨덴 회사는 라이센스를 취소했고 회사는 인수 이후에 새로운 기술을 단 하나도 팔지 못했다.

이 CEO는 개인적인 감정으로 잘못된 판단을 내렸지만, 그것이 가장 큰 문제는 아니다. 가장 근원적인 문제는 일부 직원들이 자신의 직속 상사에게 정보를 숨겼다는 데 있다. 그들이 왜 그런 행동을 했는지 우리는 쉽게 추측할 수 있으며, 그들의 입장을 이해할 수도 있다. 직원들은 CEO의 명령에 따라 행동한 것이다. 그러나 결과적으로 직원들 중 아무도 직속 상사에게 사실을 보고하지 않아 상사는 전혀 의심하지 않았고, 회사는 엄청난 피해를 보게 되었다.

인수합병이 많은 요즘에는 다른 기업을 흡수하거나 혹은 흡수를 당한 후 정치적인 대립이 첨예하게 일어난다. 구조조정과 합병은 어마어마한 공포를 불러일으키며, 다음의 사례에서처럼 의사소통의 통로가 단절되는 결과를 낳기도 한다.

내가 근무하는 전자회사는 다른 회사의 일부를 인수하여 두 개의 기존 자회사로 합병시켰다. 합병과 통합 과정에서 많은 직원들이 해고되었다. 합병 1년 후에 나는 신생 회사의 CEO로 임명되었다. 회사의 본사는 동부 해안에 있었고 연구 시설은 서부 해안에 위치해 있었다. 캘리포니아에 있는 연구소의 부소장은 합병, 정리해고 등의 신생 기업의 정책과 절차로 인해 직원들의 사기가 땅에 떨어졌다는 말을 나에게 하지 않았다.

나는 4개월 동안 그 문제를 전혀 모르고 있었다. 새로운 복지계획을 발표하기 위해 연구소를 찾은 나는 계획을 발표하고 나서 질문이 있는지 물었다. 모든 지옥문이 열렸다. 그로부터 1년 반 동안 내 시간의 약 3분의 1과 다른 직원들 역시 꽤 많은 시간을 난관을 극복하고 신뢰를 쌓아 이직률을 낮추고 생산성을 높이고 연구소 직원들이 회사에 소속감을 갖게 만드는 데 소비했다.

왜 나에게 말하지 않았는가? 직원들이 일자리를 잃을지도 모른다는 두려움 때문이었을까? 그렇지 않다면 내 지위를 약화시켜 무언가를 얻으려고 했던 것일까? 이유는 정확히 모르지만 여하튼 의사소통 실패의 대가는 혹독했다.

신뢰를 쌓기 위한 6가지 요소

신뢰와 솔직함을 가로막는 두려움, 자부심, 정치, 혐오에 대응하여 관리자는 부하직원들의 신뢰를 향상시킬 수 있는 기회를 최대한 이용해야 한다. 신뢰는 최상의 환경 속에서도 쌓기 쉽지 않으며, 여기에서 말하는 신뢰는 사람들마다 권한의 정도가 달라 어려움을 겪는 기반 위에 세워져야 한다.

솔직하게 의사를 표현하고 신뢰를 형성하는 데 영향을 주는 요소들은

'의사소통, 지원, 존중, 공정, 예측 가능성, 유능함'의 6가지로 구분된다.

'의사소통'은 부하직원들에게 계속 정보를 주고 정확한 피드백을 하며 결정과 정책을 설명하는 것을 뜻한다. 자신의 문제에 대해 솔직하게 말해야 하고 상벌에 사용할 목적으로 정보를 수집하려는 유혹을 뿌리쳐야 한다.

남미의 한 대기업의 창업자이자 CEO는 수년 동안 6개 사업본부를 개별적으로 지원해주었다. 그는 부사장들을 각 사업본부의 CEO들처럼 대하면서 자신과 다른 부사장들과의 관계에 대해서는 전혀 말해주지 않았다. 그는 항상 이런 임시 기반을 바탕으로 문제들을 해결하려 했고, 처음에는 빠르고 안정적으로 성장해나갔다. 그런데 회사의 규모가 커지자 어려움이 닥쳐오기 시작했고, 이 CEO는 부사장들로부터 자원 배분에 대한 불평을 듣기 시작했다.

사업본부의 몫에 대해 만족하는 사람이 아무도 없었고 회사 전반을 살필 만한 사람 또한 아무도 없었다. 이때 CEO는 자신의 경영 방식에 문제가 있다는 것을 인식했고, 자신과 6명의 부사장을 포함하는 경영위원회를 만들었다.

그들은 모두 우선권을 정하고 자원을 배분하고 회사 전략을 수립하는 데 참여했다. 물론 부사장들이 각자 사업본부의 자원을 확보하기 위해 여전히 대립했으므로 분쟁의 여지는 남아 있었다. 그러나 실질적으로 신뢰도는 향상되었고 처음으로 사업본부들 간에 의사소통이 원활해졌다. 모두들 팀을 만들어 함께 일하려는 의지를 가지고 협력하여 회사를 이끌 수 있게 되었다.

한편 어떤 중소기업의 CEO는 어느 날 아무 통보도 없이 사무실을 이전했다. 직원들은 월요일 아침에 출근하고 나서야 이삿짐이 화요일에 도착한다는 사실을 알았다. 해명을 요구하는 직원들의 말에 이 CEO는 이유를 설명했지만, 여전히 직원들에게 알릴 필요는 없다고 생각했다. CEO는 자신이 정보와 지원을 받아야 하는 사람들을 모욕하고 경시했다.

부하직원들과 단체로 혹은 개별적으로 의사소통을 하는 것은 매우 중요하다. 다음 사례에 나오는 여직원의 사장은 돈이 힘이라고 믿는 사람일 것이다.

나는 지금 사장 밑에서 2년간 일해왔고 한 번도 업무 평가를 받은 적이 없다. 매년 급여가 인상되므로 잘하고 있다고 나름대로 추측할 뿐이다. 그러나 이 회사의 미래가 어떻게 될지 전혀 생각할 수 없다.

중간관리자부터 고위경영자에 이르기까지 자신의 업무 실적과 진로 전망에 대해 상관과 이야기하기는 어려울 것이다. 자신이 필요한 피드백을 받지 못했다고 생각하면 피드백을 요구하기가 곤란하다. 의사소통은 양방향으로 진행되어야 한다. 정보가 간신히 아래로 전달되는 곳에서는 정보가 위로 올라가지 않는다.

'지원'은 부하직원들에게 인간적인 면에서 관심을 보이는 것을 의미한다. 다시 말해 만날 수 있고 다가갈 수 있다는 뜻이다. 부하직원들을 돕고 조언하고 아이디어를 격려하고 그들의 위치를 지켜준다는 의미이기도 하다. 부하직원들과 교제한다는 의미도 될 수 있으며, 부하직원들의 생활과 진로에 관심을 갖는다는 것이다. 좋은 지원과 나쁜 지원의 3가지 사례를 살펴보자.

• 나의 일생에서 한동안 일에까지 영향을 미치는 심각한 개인적인 문제가 있었다. 그때 사장님은 회사에서 나를 보호해주었고 정신적인 지원을 아끼지

않았다. 결국 사장님의 도움에 힘입어 문제를 해결할 수 있었다. 이런 일로 직업상 우리의 관계는 매우 돈독해졌다.

- 나는 경영위원회에 제안서를 제출했다. 어떤 위원들은 찬성했고 어떤 위원들은 반대했다. 나는 너무 젊었고 긴장해서 내가 옳다는 사실을 어떻게 설득해야 할지 몰랐다. 사장님이 내 제안서를 옹호하면서 강력하게 지지해주었고 결국 통과가 되었다. 지금 그 일을 뒤돌아보면 직장 생활을 하면서 그보다 더 기쁘고 감사했던 적이 없었다.

- 나는 사장으로부터 한 가지 공로를 인정받았지만 사장은 발표를 미루자고 했다. 그러자 일부 사람들이 내가 한 일에 의심을 품기 시작했고 나의 능력에 의구심을 가졌다. 얼마 후 사장은 나를 지원하는 대신 나를 비판하는 사람들의 편을 들었다.

문제가 있거나 좋아하지 않거나 혹은 인기 없는 직원을 버리고 싶은 유혹이 있을 수도 있다. 그러나 이런 직원들도 나중에 큰 역할을 할 수 있도록 더 많은 노력을 지원해야 한다.

직원을 해고할 때 가장 나쁜 방법은 직원이 문제에 휘말리도록 방관하는 것이다. 정말 해고해야 할 사람이라면 해고해야 하겠지만, 가치가 있는 사람은 지원해야 한다. 부하직원들은 위급할 때 자신을 지지해줄 거라고 생각하는 상사를 가장 깊이 신뢰한다.

'존중'은 존중으로부터 나온다. 존중의 가장 중요한 형태는 위임이며, 그 다음은 부하직원의 말에 귀를 기울이고 그의 의견에 따라 행동하는 것이다. 다음에 제시하는 처음 2가지 사례에서 사장은 부하직원의 판단과 사고력을 진심으로 존중한다. 그러나 세 번째 사례에서 회의 도중 사장과 부하직원의 관계는 악화되어 버리고 만다.

- 사장님이 나에게 프로젝트를 맡겨주었다. 실패할 경우 내가 안아야 할 위험 부담도 크지만 사장님이 떠안아야 할 부담은 훨씬 더 컸다. 나는 왜 나에게 프로젝트를 맡겼는지 그 이유와 누구에게 보고해야 하는지 물었다. 그러자 사장님은 "마음대로 소신껏 하면 됩니다. 어떻게 하든지 나는 괜찮습니다"라고 말했다.

- 6년 전 은행에 막 취직했을 때 사장님은 한 회사를 인수하기로 결정했다면서 그 회사를 조사해서 의견을 말해달라고 주문했다. 나는 조사를 한 뒤 나쁜 아이디어라고 생각한다고 말했다. 사장님을 나를 인수 담당팀에서 빼버렸지만 나는 개의치 않고 사장님을 설득해서 내가 분석한 내용을 모두 듣게 했다. 사장님은 시간을 내어 나의 주장을 신중히 경청했고 마침내 인수를 취소했다.

- 사장님과 나는 부서의 인원을 감축할 것을 합의했다. 나는 5명을 줄이고 싶었지만 사장님은 8명을 줄이기를 원했다. 한 시간 동안 내 주장을 했지만 결국 사장님은 대꾸도 없이 8명을 줄이라고 강요했다. 사장님은 내가 한 말에 전혀 관심을 갖지 않는다는 생각이 들었다.

대인관계에서는 상호관계의 법칙이 지배하는 경향이 있다. 상사가 신뢰와 존중에 대해 많은 말을 늘어놓으면서 행동은 전혀 다르게 한다면 부하직원들은 더 이상 상사를 신뢰하거나 존중하지 않을 것이다.

'공정'은 마땅히 칭찬해야 할 곳에 칭찬을 하며, 실적 평가에서 객관적이고 편견 없이 칭찬을 한다는 의미다. 공정과 반대되는 행위인 편애, 위선, 아이디어와 업적의 횡령, 비윤리적인 행동은 용납해서는 안 되며, 이는 신뢰를 무너뜨리는 주요 원인이 된다. 다음 2가지 사례는 이런 내용을 잘 지적하고 있다.

- 내 부하직원 중 한 명이 아주 좋은 아이디어를 가지고 있기에 사장님에게 보고를 하도록 했다. 사장님도 흔쾌히 받아들였고 부장에게 아이디어의 개요를 받아 적도록 지시했다. 그러나 얼마 뒤 부장은 그 아이디어가 마치 자신의 것인 양 내 부하의 공로를 가로챘고 나에게도 자기와 같은 수준의 공로를 인정받게 해주었다. 나는 속았다는 생각이 들었을 뿐만 아니라 처음 아이디어를 낸 사람을 속이는 데 어느 정도 가담했다는 생각을 했다. 이런 일로 그 부장과 나의 관계는 파괴되었으며 내 부하직원과의 관계도 거의 단절되고 말았다.
- 우리는 과거의 고객과 매우 어려운 소송에 휘말려 있었다. 소송은 4년 동안 이어졌고 마침내 대법원에서 우리는 패하고 말았다. 패소 소식을 사장님에게 알려야 할 때 나는 사장님이 나의 실수로 생각하시지는 않을까 걱정스러웠다. 하지만 사장님은 어쩔 수 없는 일이기에 졌다는 사실을 이해해주었고, 우리를 비난하는 대신 오히려 열심히 헌신적으로 일한 것에 감사를 표했다.

공정하지 못한 행동이 습관화되면 신뢰와 솔직함은 순식간에 사라져 버리지만, 지원과 공정한 행동은 매번 신뢰와 솔직함을 급속히 증대시킨다. '예측 가능성'은 일관성 있고 신뢰할 수 있으며, 보이든 안 보이든 한 번 한 약속을 지킨다는 것이다. 지키지 않는 약속은 다음 사례에서처럼 막대한 피해를 가져온다.

사장님은 나를 고용했을 때 내가 관리하는 프로젝트의 수익 중 일부를 준다고 약속했었다. 첫 출근이 늦어져서 프로젝트가 어려움을 겪을 때 인수인계가 되었다. 물론 전혀 수익이 없었다. 결산을 하자마자 나는 처음부터 내가 책임을 쪄야 하는 새로운 프로젝트를 맡았다. 잘 관리했고 수익도 상당했다. 그런데 수익에 대한 내 몫은 첫 번째 프로젝트에만 적용이 되고 두 번째 프로젝트에 대해서는 그런 조건이 없었다는 말을 듣고 나는 정말 속았다는 생각을 했다. 내가 강하게 항의하자 회사는 입장을 바꾸었다. 그러나 뒷맛은 씁쓸하기만 했고 얼마 지나지 않아 그 회사를 그만두었다.

예측 가능성은 곧 일관성을 뜻하는 것으로, 신뢰를 나타내는 가장 좋은 증거이다.

마지막으로 '유능함'은 기술적 · 전문적인 능력과 뛰어난 비즈니스 감각을 나타낸다. 직원들은 무능해 보이는 사람들에게 복종하려고 하지 않는다. 신뢰는 물론 올바른 행동에서 싹트기 시작하지만, 능력 있는 지도자에게만 칭찬과 존경을 바탕으로 신뢰를 보내는 것이다.

문제를 인식하는 데 도움을 주는 5가지 경고 신호

신뢰와 솔직함을 쌓는 일은 점진적인 과정으로, 일련의 긍정적인 경험을 동반한다. 중요한 과제를 직원에게 부여할 때는 직원을 신뢰하고 직원의 위치를 공개적으로 보호하며, 그들의 생각을 지지하고 업무를 평가해주어야 한다. 신뢰를 쌓는 데는 오랜 시간이 걸리지만, 한계에 달하면 아주 짧은 순간에 무너져 버린다. 신의를 저버리고 약속을 어기고 공개적으로 직원을 모욕하고 거짓말하고 아무런 통보도 없이 그룹에서 직원을 빼버리는 행동들은 수개월 혹은 수년에 걸쳐 쌓아 올린 신뢰관계를 한순간에 돌이킬 수 없도록 무너뜨려 버린다.

이러한 한계들 속에서 관리자들이 직원들을 의지하여 심각해지기 이전의 문제들을 내놓을 수 있을 것인가? 답은 분명히 '아니요'다.

정직하고 솔직한 의사소통은 관리자들이 가진 문제들에 대한 정보를 가장 잘 전달하고, 유능한 관리자들은 이 기회를 최대한 활용할 수 있게 만든다. 동시에 관리자들은 위험의 미묘한 징후를 알게 되며 위험을 차단하기 위해 다른 대안 정보를 개발하고 연마한다. 인터뷰 결과에 의하면 관리자들이 감지할 수 있는 몇 가지 경고 신호가 있다고 한다.

문제 징후의 첫 번째 신호는 정보 흐름의 감소이다. 정보의 흐름이 갑자기 멈추어버리면 직원들이 의사소통을 줄이고 자신의 의견을 말하기를 머뭇거리며, 논의는 물론 심지어 회의까지도 피하려고 한다. 보고가 늦어지고 부하직원들 사이에 의사소통이 더 어려워지면 업무 진행에 대한 확인이 더 철저해져야 하며 신중해져야 한다. 다음은 현실과는 상당히 맞지 않는 말로 거듭 상사를 안심시키려는 행동이 문제가 있다는 신호임을 잘 나타내주는 사례다.

나는 베네수엘라에 위치한 석유회사에서 탐사 관리자로 일했다. 내가 특정 프로젝트에 대해 질문하면 직원들은 그저 일이 잘 진행되고 있다고만 대답했다. 그런데 어느 순간부터 잘 되어가고 있다는 그들의 매우 간단하고 피상적인 대답은 나를 안심시키기 위한 대답이 아닐까 하는 생각이 들었다. 그리고 일부 반대되는 징후도 나타났는데, 실례로 그 프로젝트에 참여하는 사람들의 이직률이 너무 높았다. 뭔가 단단히 잘못되었다는 직감이 들었다.

나는 그 지역 관리자와 연락을 했지만 그 사람은 어떤 구체적인 문제도 짚어내지 못했다. 현장감독을 불러서 물었지만 여전히 시원한 대답을 얻지 못했다. 그 다음에는 내가 직접 현장에 나가 이틀을 보냈다. 아무 소득이 없었다.

그후 믿을 만한 젊은 사람을 파견해 현장 일꾼들과 일주일을 보낸 결과 문제를 찾아냈다. 지역 노동 하청업자가 노동자들에게 뇌물을 주어 이직률이 높아지고 그 자리를 채우기 위해 사람들을 모집하면서 많은 돈을 착복했다는 것이다. 우리는 임금으로 많은 돈을 지출하고 있었음은 물론이거니와, 숙련공들 대신 비숙련공들과 자주 일하게 되었다.

두 번째 신호는 사기 저하이다. 사기가 저하되면 불성실을 가져오고 협조가 안 되며 업무량에 대한 불만이 늘어만 가고 여러 가지 작은 문제들을 일으킨다. 사기가 더 크게 저하되면 결근이 많아지기 시작하며 불평이 쌓이고 성급해지고 고자질하는 사례가 나타난다.

세 번째는 모호한 구두 메시지를 전달할 때다. 정보를 전달하는 부하직원들의 마음이 불편하면 모호하게 메시지를 전달할 수 있다. 부하직원들이 잠재적인 문제를 터뜨리기 싫어하거나 좀더 진지하게 논의할 가능성이 있는지 살펴보는 중일 수도 있다.

한 연구개발 실장이 대형 프로젝트를 담당하는 여성 책임자에게 새로 고용한 연구원이 일을 잘하고 있는지 물었다. 그 여성 책임자가 "그분은 아주 똑똑해요. 하지만 약간 이상해요. 어쨌든 대단히 열심히 합니다. 문제 없어요"라고 대답했다. 그는 메시지를 놓치고 말았다. 그저 "잘한다고 하니 좋네요"라고 대꾸해줄 뿐이었다.

이 사례에서 보면 여성 책임자는 문제의 전형적인 징후를 보여주는 긍정, 부정, 긍정의 샌드위치 형태로 대답을 했다. 이런 식으로 대답을 하는 부하직원들은 상사의 관심을 간단히 시험하는 것일 수 있다. 상사가 "약간 이상해요"라는 말을 놓치자 여성 책임자는 문제를 더 이상 거론하지 않았다. 상사는 이 여성 책임자가 똑똑한 신임 연구원에게 위협을 받고 있다는 생각과 그의 독불장군식 행동에 화가 났다는 사실을 전혀 알아채지 못했다. 여성 책임자와 신임 연구원 사이의 충돌은 점점 깊어갔고, 결국 여성 책임자는 다른 부서로 옮기고 말았다.

네 번째는 비언어적인 신호다. 보디랭귀지에서부터 사회적인 행동과 일상적인 과정, 습관의 변화에 이르기까지 형태가 다양하다.

미국 주요 은행의 국제 부문 책임자는 아시아 지역 책임자가 뉴욕에 머물면서 자주 자기 사무실 문을 닫고 일한다는 사실을 눈치 챘다. 이것은 보기 드문 행동이었다. 그는 사교적이었고 항상 누군가와 점심식사를 하고 대화를 나누는 사람이었기 때문에 문을 닫는 행동을 전혀 이해할 수 없었다. 문을 닫아놓는 일이 두세 차례 있은 뒤 국제 부문 책임자는 업무 관련 이야기를 하자면서 아시아 지역 책임자를 점심에 초대했다. 고급 와인을 한 병 마신 뒤, 아시아 지역 책임자는 마음속에 담아둔 이야기를 꺼냈다. 자신이 외국에서는 가장 좋은 자리인 유럽 담당자로 거론되었는데 국제 부문 책임자가 반대했다는 소문을 들었다는 것이다. 물론 이 소문은 잘못된 것이었다. 실제로는 국제 부문 책임자가 승진할 예정이어서 은행에서 그 후임을 찾고 있었고, 아시아 지역 책임자가 가장 유력한 후보물망에 올라 있었다는 것이다.

의식적이든 무의식적이든 아시아 지역 책임자는 방문을 닫음으로써 신호를 보냈던 것이다. 점심식사 초대는 이 신호의 의미를 알아보기 위한 위협적이지 않은 방법이었다. 그때까지는 업무상 문제가 생기지 않았지만 아시아 지역 책임자가 헛소문을 계속 믿고 있었다면 훨씬 심각한 문제가 발생했을 것이다. 국제 부문 책임자는 작은 비언어적인 신호에 즉각 반응하여 작은 문제가 큰 문제로 번지지 않도록 막았다.

보디랭귀지는 잘못 이해되기 쉽다. 요즘 시중에 전시되어 있는 책들을 보면 많은 사람들이 보디랭귀지를 정확하게 이해할 수 있다고 하지만 이는 위험한 일이다. 예를 들어, 직장의 문제가 아닌 사생활 문제로 인해 나쁜 신호가 나올 수도 있다. 좀더 신중히 살펴본다면 보디랭귀지는 잠재된 문제가 있다는 신호에 지나지 않는다는 사실을 알 수 있다. 그러므로 보디랭귀지 하나만으로 문제가 무엇인지 성급한 결론을 내려서는 안 된다.

다섯 번째는 고객의 불평이나 다른 회사의 부서에서 제기하는 외부 신호들이다. 문제들도 분명한 경고 신호이지만 외부 신호는 너무 늦게 오는 경우가 종종 있다. 생산성 감소, 품질 저하, 주문 감소와 같은 문제들이 이미 걷잡을 수 없는 상황에 이르렀을 때 신호가 오는 경우가 많다. 그때는 이미 관리자가 실패한 지 오래다.

힌트를 정보로 바꾸어라

경험 많은 관리자들은 부하직원들의 행동 변화를 보면서 힌트를 최대화하여 보충 정보를 수집하려고 최선을 다한다.

이 글의 서두에서 이미 지적한 것처럼 정보를 얻는 가장 빠른 방법은 부하직원들에게서 나온다. 부하직원들과 좋은 관계를 유지하는 관리자들은 종종 이 방법에 의지하며, 문제의 초기 경고 신호를 보면 즉각 직원들에게 질문하여 해결의 실마리를 찾으려 한다.

앞서 강조했듯이 질문에 대한 대답은 부하직원들이 원하는 만큼, 그리고 용기를 내는 만큼 솔직해진다. 다시 말해 좋은 대답을 얻는 질문은 신뢰의 정도에 따라 달라진다. 또한 양파의 껍질과 같은 표면적인 증상이나, 때로는 사실을 오도하는 증상을 제거하는 관리자의 능력에도 어느 정도 좌우된다. 능력 있는 관리자는 객관적인 감각을 지니고 있으며, 이런 관리자는 아직 문제의 본질에 도달하지 않았다는 직감을 가지고 있다. 다음은 이를 잘 나타내주는 사례이다.

우리 부서는 극동 지역과 무역을 담당하고 있고, 부서장인 나는 유능한 중국 담당자가 필요했다. 마침 내 마음에 드는 완벽한 적임자를 찾았는데, 그는 무역상들을 두루 잘 알뿐더러 영어, 불어, 중국어, 일본어도 능통했다. 지위나 급여 인상에 대해 그는 꽤 만족스러워했다.

첫해에 그는 열심히 일했고 일도 잘 풀려 우리는 많은 돈을 벌었다. 그러자 그는 자신의 급여에 대해 불평하기 시작했고, 같은 일을 하는 다른 관리자들은 자신보다 20퍼센트를 더 받는다고 주장했다. 사실이었다. 나는 그에게 이미 25퍼센트나 급여를 인상해주었고, 앞으로 계속 잘한다면 2년에 걸쳐 인상을 해주겠다고 말했다.

그런 뒤 나는 제3자로부터 그의 불만을 듣기 시작했다. 다시 나는 그와 그 문제를 여러 차례 논의했고, 결국 5퍼센트 이내로 급여를 인상하기로 했다. 그런데 아직도 무언가 잘못된 것이 남아 있는 상황에서 갑자기 그는 병이 나서 2주 동안이나 결근을 했다. 다시 출근했을 때 첫 마디가 급여에 대한 것이었다. 그 후 두 달 동안 그의 건강은 계속 나빠졌고, 나는 급여가 진짜 문제의 핵심인지 의심하기 시작했다. 몇 번 오랜 시간 대화를 한 뒤 마침내 진실을 알게 되었다. 그의 건강이 나빠지는 이유는 과도한 일, 그리고 감당하기 벅찬 책임감과 관련이 있었다. 그는 너무 근심되어 잠을 이룰 수 없었고 가족들과도 문제가 있었다. 그와 내가 문제의 원인을 이해하자마자 나는 스트레스와 좌절감이 적은 자리로 옮겨주겠다고 약속했다. 그는 금방 여유를 찾았고 자신의 급여와 생활에도 더욱 만족하게 되었다.

급여 문제는 증상에 지나지 않았다. 동료들과 비교했을 때 실제로 급여가 적었기 때문에 급여 문제가 실제 문제를 오도하는 역할을 한 것이다. 증상이 불평에서 병으로 발전했다는 점과 진실에 도달할 때까지 여러 번 논의를 했다는 사실에 주목해야 한다. 위의 사례에 등장하는 부서장은 급여가 근본 문제가 아닌 진실을 오도하는 증상이라는 직감을 가지고 의문의 끈을 놓지 않았다.

상사와 부하직원 사이에 충돌이 일어날 경우, 부하직원이 상사를 응징할 수 있는 가장 쉬운 방법은 정보를 주지 않는 것이다. 충돌이 크면 클수록 상사의 직접적인 질문은 효과가 떨어진다. 나아가 정직하게 답변하면 상사의 단점을 지적할 수밖에 없는 상황에서는 어느 직원이든 거듭 생각을 하게 된다.

이런 어려움을 피하는 한 가지 방법은 건의함, 질의함, 직속 상사의 업무 평가와 같은 무기명 형태의 의사소통법을 찾는 것이다.

한 관리자는 사무실 위치가 특이하다는 조건을 이용하여 직원들로부터 무기명 정보를 얻어냈다. 사무실은 오피스 빌딩의 9층과 10층에 위치해 있었으며 전용 엘리베이터 두 대가 있었다. 직원들은 하루에도 여러 차례 엘리베이터를 타고 오르내렸다. 이 관리자는 각 엘리베이터에 게시판을 설치하고 회사 동정, 인사이동, 업계 동향에 대한 주간 뉴스레터를 비롯해 여러 가지 소식을 게시했다. 그는 승인을 받을 필요 없이 모든 사람들이 게시판을 이용할 수 있다고 비공식적으로 알렸고, 얼마 후 처음으로 직원의 게시물이 붙었다. 관리자는 직원의 게시물을 일주일 동안 그대로 두었다. 여기에는 오직 2가지 규칙이 있었다. 첫째는 신문이나 잡지에서 가져오지 않은 직접 만든 것이어야 하며, 둘째는 아무 내용이 없거나 욕설이 담겨서는 안 되지만 불만이나 우스개는 상관없다는 규칙이었다.

게시판은 호응이 좋았다. 대부분의 사람들은 적어도 한 번은 혼자 몰래 엘리베이터에 타서 자신의 의견을 붙일 기회가 있었기 때문이다. 익명의 주간 뉴스레터까지 등장하여 매우 자유분방한 칭찬과 비평이 게시되었다. 이 뉴스레터로 마음이 불편한 사람들도 있었지만, 관리자가 가장 열렬한 독자가 되어 회사의 문제점과 직원의 생각을 많이 알게 되었다.

오너의 경영 스타일과 전문성은 직원들이 평가하기가 가장 힘든 부분일 것이다. 2가지 중요한 요점을 기억하라. 첫째, 가장 일을 잘하는 사람들은 자신들이 안심하고 비평을 해도 좋다고 생각하므로, 그들에게 가장 먼저 물어보라. 둘째, 부하직원들 중 많은 사람들이 부정적인 솔직한 피드백은 위험할 수 있다는 사실을 이미 배워 알고 있다. 상사 역시 부정적인 피드백을 감당할 수 있다고 확신하기 전에는 절대 물어보지 말아야 한다.

정보망을 구축하라

정보를 사용하고, 퍼뜨리고, 만드는 것에는 서로 큰 차이가 있다. 유능한 관리자라면 이 3가지 모두에 재능이 있을 것이다.

정보를 잘 사용한다는 말은 정보를 오용하지 않으며, 정보의 근원에 대해서는 신중한 태도를 취하고, 정보를 무기가 아닌 문제를 해결하고 직장 생활의 질을 향상시키는 데 사용한다는 뜻이다.

정보를 잘 퍼뜨린다는 말은 뜬소문을 퍼뜨리거나 진실을 담지 않는다는 의미가 아니다. 조직에 속한 사람들은 자신의 업무에 도움이 되거나 자신의 삶에 영향을 미칠 정보를 원하며, 또한 그러한 권리를 갖고 있다.

일반적으로 정보를 잘 받으면 능률적으로 일을 처리하며 스트레스를 적게 받고 까다로운 문제도 쉽게 대처해나가게 된다. 무엇보다도 중요한 것은 정보가 정보를 끌어들인다는 것이다. 자신만이 알고 있는 정보를 잘 나누어 주는 관리자는 주는 만큼 정보를 받을 수 있다.

마지막으로 정보를 만든다는 의미는 흩어져 있는 사실들을 모아 다른 사람들을 위해 해석하여 그 숨어 있는 가치를 찾아낸다는 의미다. 이런 방법으로 정보를 다듬는 기술은 훈련이 필요하다. 정보를 다듬는 것은 교육하는 행위이면서 동시에 통제하는 행위이기도 하다.

자신이 갖고 있는 풍부한 정보를 나눌 줄 아는 사람은 흘러나가는 만큼의 정보가 다시 흘러드는 긍정적인 결과를 낳는다. 정보를 수집하고 만들고 배포하는 능력과 정보 네트워크를 유지하고 솔직한 정보가 위로 흐를 수 있는 신뢰를 구축하는 능력은 엄청난 경영 자산이 될 것이다.

4

변화하기를 원한다면
의사소통법부터 바꿔라

T. J. 라킨
T.J.Larkin
산더 라킨
Sandar Larkin

　조직에 중대한 변화를 계획하고 있는가? 이를 위해 대형 집회, 자극적인 연설, 비디오, 사보 특별판을 준비했는가? 그만두어라. 이런 의사소통은 효과가 없다. 지금까지의 조언은 대개 더 많은 가치와 더 많은 임무와 더 많은 비전과 더 많은 비디오, 간행물, 회의, 더 많은 경영자 로드쇼와 같이 '더 많은'을 강조한다. 그러나 이러한 의사소통은 효과가 없다. 왜 누가 더 많은 것을 원한다는 말인가? 사람들의 일하는 방법을 바꾸고 싶다면 먼저 그들과 의사소통하는 방법부터 바꾸어야 한다.

　T. J. 라킨과 산더 라킨은 자신들의 연구와 지난 20년간의 의사소통 전문가들의 연구를 종합해본 결과, 고위경영자들과 대부분의 의사소통 컨설턴트들은 현장 직원들의 말을 듣지 않는다고 주장한다.

　주요 변화를 알려야 할 때는 가치를 전달하려고 하기보다는 직접 대면하여 의사소통을 하고 많은 시간과 돈과 노력을 현장 책임자들에게 쏟아 부어야 한다.

　현장 직원들은 비디오를 보고 변화에 대해 알려고 하지 않는다. 또한 회사 간행물을 통해 변화에 관한 소식을 읽으려고 하지 않는다. 현장 직원들은 회사 간행물이 믿을 만하지 못하며 대개는 납득할 수 없다고 생각한다. 대형 집회도 효과가 없다. 직원들은 변화를 받아들일지는 몰라도 공허한 표어는 거부한다.

　현장 직원들은 자신들과 가장 가까운 상사들에게서 정보를 받기를 원하지만, 회사에서는 계속 카리스마적인 경영자들이 직원들을 독려한다. 그런데 이것은 왜 효과가 없을까? 어떤 회사든 현장 책임자들이 실질적인 오피니언 리더들이기 때문이다. 고위경영자들은 부하직원들에게 정보를 전달할 현장 책임자들과 반드시 직접 만나서 변화에 대해 논의해야 한다. 변화가 가장 필요한 현장에서는 현장 책임자들과 직원들의 대화가 가장 중요하다.

의사소통 변화에 대해 경영자들에게 하는 조언은 대부분 바람직하지 못하다. 지금까지의 조언은 대개 더 많은 가치와 더 많은 임무와 더 많은 비전과 더 많은 비디오, 간행물, 회의, 더 많은 경영자 로드쇼와 같이 '더 많은'을 강조한다. 그러나 이러한 의사소통은 효과가 없다. 왜 누가 더 많은 것을 원한다는 말인가?

경영자들이 지금 사용하고 있는 방법으로는 의사소통의 문제가 해결될 수 없으므로, 현장 경험과 수십 년간의 연구를 통해 새로운 방법을 제안하려고 한다. 1993년 와이어트 컴퍼니(현재는 왓손 와이어트 월드와이드)는 주요 개혁을 단행하고 있는 531개 미국 조직을 조사한 바 있다. 와이야트가 CEO들에게 '과거로 되돌아가서 한 가지를 바꾸고 싶다면 그것은 무엇인가?'라는 질문을 했을 때, 가장 많은 대답은 '직원들과 의사소통하는 방법이었다'였다.

앞으로 주요 변화를 현장 직원들에게 전달할 때는 방법을 달리해야 한다. 오직 사실만을 전달하고 가치는 전달하지 말라. 직접 만나 전달하고 비디오, 간행물 또는 대규모 집회에 의존하지 말라. 또한 현장 책임자들에게 설명하고 경영자가 현장 직원들에게 변화를 설명하지 말라.

이제 2가지 사항을 분명히 하고 논의를 계속하려고 한다. 첫째, 대부분의 기업들이 5~10년 사이에 직면하게 되는 변화를 전달하는 문제에 관해 알아보려고 한다. 우리는 회사 존립에 필요한 변화에 대해 말하려는 것이며 이상적인 경영변화에 대해 말하려는 것이 아니다. 둘째, 대기업에서 현장 직원들에게 어떻게 다가가고 변화시켜야 하는지 알아보려고 한다. 은행 창구 직원, 트럭 운전사, 보험서류 처리 직원, 항공사 카운터 직원, 용접공, 전화 가설원 같은 현장 직원들은 상품을 만들고 서비스를 제공하는 사람들이다. 이런 사람들의 업무 방법을 바꾸려 한다면 먼저 그들과 의사소통하는 방법을 반드시 바꾸어야 한다.

가치 전달을 중단하고 사실만 전달하라

변화를 가치로 포장하고 싶은 충동은 뿌리치기 힘들다. 그러나 자신의 가치를 전달하고 싶은 충동은 자신이 가치에 맞지 않게 행동하고 있다는 증거이기도 하다. 가치를 전달하는 효과적인 유일한 방법은 그 가치와 일치된 행동을 하는 것이다. 예를 들어, 고객 서비스를 중요하게 생각한다면 고객 서비스 실적에 근거하여 직원 모집, 실적 평가, 승진, 보너스를 실시해야 한다. 실적에 대해 객관적인 평가를 해준다면 말보다는 훨씬 명확하게 자신의 가치를 보여주게 되는 것이다.

가치에 관한 말을 중단하는 것 자체가 개혁적인 변화이며, 특히 와이어트의 보고서에 따르면 대기업의 68퍼센트가 임무와 가치 전달을 의사소통에서 가장 중요하게 보고 있다고 한다. 비즈니스로 처음 만나는 자리가 있다고 가정해보자. 상대방이 명함을 건네면서, "저의 가치를 알아주시기를 바랍니다. 여기에 적혀 있습니다. 거짓말하지 않고 속이지 않고 거래하는 동안 성실하게 일하겠다고 약속드립니다"라고 말한다. 이런 말을 들으면 마음이 편해지겠는가? 그렇지 않다. 오히려 의심하게 된다. 그러나 말이 아닌 행동으로 자신의 가치를 보여준다면 믿을 수 있게 된다. 가치에 대해 계속 언급한다는 것은 사기성이 있다는 신호다.

뉴저지 주의 모리스타운에 있는 변화관리 커뮤니케이션 회사인 젠센 그룹은 1992년에 아메리칸 익스프레스, AT&T, 케미컬 뱅크, IBM, 존슨앤드존슨, 모빌, 텍사코, 워너-램버트 등 미국의 23개 대기업을 조사한 적이 있다. 조사 결과에 의하면 이 회사들 중 70퍼센트는 최근의 조직 개편에서 회사의 임무를 변경했지만, 오직 회사의 9퍼센트만 임무 변경이 조직 변경 목표를 달성하는 데 도움이 되었다고 한다.

『국가 생산성 리뷰』지 1989년 가을호에 필립 머비스와 도널드 켄터가 공동으로 발표한 연구에 따르면, 직원의 43퍼센트가 경영자들이 자신들을 속이고 거짓말을 한다고 믿고 있다. 이 조사에서 머비스와 켄터는 현장 직원들이 가장 냉소적인 집단이라고 밝힌 바 있다.

최근 다운사이징 물결로 이런 상황이 더 악화되었다. 커뮤니케이션 매니지먼트 위원회가 내놓은 1994년 연구에서는 직원의 64퍼센트가 경영자들이 자주 거짓말을 하고 있다고 생각한다는 조사 결과가 나왔다. 필라델피아에 위치한 인재 컨설팅 회사인 라이트 어소시에이츠가 조사한 바에 의하면, 고위경영자들 중 3분의 2가 조직 개편 후에 직원들이 경영자들을 덜 신뢰한다고 답했다(1992년 11월 2일자 『월스트리트저널』의 보도).

조직의 리더들은 이 문제를 직시해야 한다. 직원들은 경영자들의 행동에서 그들의 가치를 추론한다. 직원들은 그 가치가 자신의 개인적인 목적을 이루는 데 도움이 된다고 믿을 때만 경영자들의 가치를 받아들인다.

실제로 선전은 도움이 되지 않으며, 오히려 악영향을 줄 수도 있다. 주요 조직을 개편하고 있는 대규모 제조회사의 수천 명의 직원들이 최고경영자가 새로운 임무를 발표하는 모습을 직접 혹은 위성으로 지켜보았다. 연단 뒤의 거대한 현수막에 '신뢰, 팀워크, 내일'이라는 표어가 쓰여 있었다. 행사를 마치고 나오면서 직원들은 펜과 모자 그리고 커피 머그잔을 받았다.

그런데 자신의 일자리로 돌아왔을 때 노동조합에서 직원들에게 보낸 편지가 모든 게시판에 붙어 있는 것을 알았다. 이 편지에서는 회사가 사립 탐정을 고용하여 절도, 마약, 부당 이득이 의심되는 직원들을 감시하고 있다고 비난하고 있었다. 사립 탐정들은 근무시간은 물론 그외 시간에도 직원들을 감시하고 있으며, 방금 전에 끝난 선포식에서도 일부 직원들을 감시했을 거라는 것이었다.

당황한 경영진들은 갑자기 불거진 사건을 해결하기 위해 안간힘을 썼다. 공적 관계에 있는 컨설턴트들을 불러들여 "사립 탐정을 고용한 것은 꼭 직원들을 신뢰하지 못해서가 아니며, 결코 직원들을 감시하려는 뜻은 아니었다"라고 해명했다. 가장 큰 비극은 가치 캠페인으로 포장한 조직 혁신이 큰 손상을 입었다는 데 있었다. 변화 자체는 대부분의 직원들이 받아들일 수 있었지만 공허한 외침을 원한 것은 아니었다.

해결책은 오직 사실만을 전달하는 데 있다. 고위경영자 변화팀은 최대한 간략하게 계획하고 있는 사실만 전달해야 한다. 이러한 사고를 바탕으로 혁신 안내 책자를 만들어야 하며, 고위경영자들과 현장 책임자들이, 현장 책임자들과 현장 직원들이 직접 대면하여 이야기를 해야 한다.

다음 표에 나오는 혁신 안내 책자는 경영자들이 현장 책임자들을 대면한 자리에서 전달되었다. 이 2가지 사례 모두 우리가 일한 회사에서 있었던 일이다. 첫 번째 혁신 안내 책자는 지역 비즈니스 뱅킹 센터를 만들어 많은 고객들을 동네 지점에서 지역 센터로 옮기는 작업을 하는 은행에서 사용한 것이다. 두 번째 사례는 2,000명 이상의 직원을 정리해고하려는 제조회사에서 만든 것이다. 이 안내 책자는 단순히 읽을 목적이 아닌 설명하고 토론할 목적으로 만들어진 것으로 표어, 위협, 연설이 없다는 점에 주목해야 한다. 사실 외에는 기록되어 있지 않다.

표 4-1 변경된 안내문: 표어도 위협도 연설도 없습니다

비즈니스 뱅킹 센터	감원
· 많은 비즈니스 고객을 지점에서 비즈니스 뱅킹 센터로 이전	· 직원 2,300명 해고 예정
· 대상=대출금 25만 달러 이상 또는 예금 25만 달러 이상	· 11월 4일부터 시작하여 1월 20일까지 완료
· 5월 초부터 이전하기 시작하여 9월까지 종료	· 예상 인원 ┌ 조기명예퇴직 200명 ├ 명예퇴직 1,100명 └ 해고 1,000명
· 비즈니스 고객들이 본래 지점에 잔류할 수도 있다.	· 명예퇴직 자원자가 적을 경우 해고 인원을 늘리며 총 감축 인원 2,300명 확정
– 고객은 비즈니스 뱅킹 매니저에게 반드시 연락해야 한다.	· 누가 해고자를 선별하는가?
– 비즈니스 뱅킹 매니저는 고객을 반드시 양도해야 한다.	┌ 현장 책임자(1인 또는 1인 이상) * ├ 교대 감독 └ 인사 담당자
– 은행은 가능한 많은 고객을 신설 센터로 이전하기를 원한다.	
· 지점은 신규 고객을 비즈니스 뱅킹 센터로 돌린다.	
– 대출금 또는 예금의 25%를 지점의 장부에 기입한다.	
· 비즈니스 뱅킹 센터는 현금을 보유하지 않는다.	
– 현금이 필요한 거래는 반드시 지점을 통한다.	

* 현장 책임자 자격은 1990년 이후 1년 또는 그 이상 직원들을 감독한 자

주요 조직의 혁신을 단행하면서 직원들과 의사소통을 하지 않는 것은 회사가 저지를 수 있는 최악의 실수이다. 인수와 합병이 이루어지는 동안 발생하는 의사소통에 대한 3가지 중요한 연구를 검토해보자. 스트레스가 많고 모든 것이 불투명할 때는 헛소문이 많으며 헛소문은 궁극적으로 사람들에게 가장 나쁜 동기를 심어준다. 그러나 나쁜 소식이라도 의사소통이 원활하다면 직원들의 스트레스와 근심이 완화된다. 즉, 나쁜 소식보다 불확실성이 더 고통스러운 것이다.

한편 혁신이 너무 복잡해서 사실을 전달하기 어렵다고 말하는 경우도 있다. 그때는 혁신을 단순화시켜야 한다. 의사소통할 수 있는 만큼 혁신이 이루어져야 한다. 해결책은 간단하다. 모든 불필요한 말을 제거하라. 직원들에게 자신이 계획하고 있는 것을 숨김 없이 정확하게 말하게 하라.

직접 만나서 의사소통하라

주요 변화를 현장 직원들에게 전달하는 가장 좋은 방법은 대면이다. 비디오나 비디오 중계를 이용해서는 안 된다. 회사 간행물에 소개하는 것도 안 되며 현장 직원들과 대규모 모임을 가져서도 안 된다.

비디오

비디오는 과거 15년이 넘도록 직원들과의 의사소통을 위해 가장 빠르게 성장한 매체다. 그런데 아이러니하게도 비디오의 성장과 상관없이 직원들은 실제로 비디오 시청을 싫어한다. 인터내셔널 어소시에이션 오브 비즈니스 커뮤니케이터와 타워스 페린 포스터 앤 크로스비(TPF&C, 현재 타워스 페린)의 1980년, 1982년, 1984년의 연구와 TPF&C가 1990년에 공동으로 연구한 결과에 따르면 비디오는 미국 내에서 14번째 의사소통 수단이라고 한다. 런던에 위치한 훈련 기관인 인더스트리얼 소사이어티의 1989년 조사에 따르면 영국의 직원들은 16개 정보수신 도구 중 비디오를 13위로 평가했다. 1993년 영국의 한 통상협회인 인스티튜트 오브 매니지먼트는 영국 대기업들의 60퍼센트가 주요 변화를 전달하는 데 비디오를 사용한다고 밝혔다. 그러나 이 대기업들의 75퍼센트는 비디오가 효과가 없다고 생각한다고 밝혔다. 우리의 지난 20년간의 의사소통 연구에 따르면 캐나다, 호주, 미국, 영국의 근로자들 중 3분의 2가 비디오보다는 대면 커뮤니케이션을 선호하는 것으로 나타났다.

연구 결과를 고려하지 않고 직관으로 판단해보자. 미국의 한 피자 회사는 주요한 변화를 직원들에게 알리기 위해 비디오를 사용하기로 결정했다. 어떤 일이 일어났겠는가? 10대 피자 요리사가 모자를 쓴 채 텔레비전 가까이에 의자를 끌어당기고 앉아 팔짱을 끼고 경영자의 심각한 말을 듣겠는가? 아니면 웃으면서 경영자의 말을 흉내 내고 농담을 하면서 페페로니를 텔레비전 화면으로 집어던지겠는가? 첫 번째 장면을 머릿속에 그리는 사람은 최고경영자들밖에 없을 것이며, 그런 이미지는 커뮤니케이션 컨설턴트들이 심어주었을 것이다.

비디오 테이프보다 의사소통에 더 위협적인 존재가 등장하고 있는데 그것은 바로 디지털 비디오다. 이 새로운 기술은 인공위성 비디오 채널 비용을 한 달에 15만 달러에서 1만 5,000달러로 줄일 수 있다. 한층 향상된 영상과 저비용으로 기업의 경영자들은 자신의 연설을 생방송으로 중계하며 양방향 기술을 통해 질문도 받을 수 있다. 이 기술의 단점은 경영자들이 자주 사용한다는 데 있다. 밝은 조명과 빠르게 돌아가는 카메라 앞에서 경영자들은 '고객을 즐겁게 하라' '세계 최고가 돼라' '가족처럼 대하라' 라는 표어를 떠들 것이다. 그런 뒤 미리 준비하지도 않았고 원고도 없는 질문들을 현장 직원들로부터 받기 시작할 것이다. 이런 상황에서 기대할 수 있는 질문이나 논평은 3가지 유형으로 나눌 수 있다.

- **터무니없이 자세한 질문** "우리 납품업자는 40파운드 자루에 소금을 담는다. 너무 무겁다. 어떤 조치를 취해주실 수 있는가?" 이런 질문에 대한 유일한 반응은 "여러분 지역 관리자와 이야기한 뒤 다시 말해주겠다"이다.
- **융통성 없는 대화** "터무니없는 소리로 들리지만 나를 믿어라." 이 말은 악의가 없어 보이지만 그렇지 않다. 의사소통 관계자들은 이 말을 모든 사람들에게 납득시키는 데 2주를 보낸다.
- **"나는 경영자의 연설이 듣기 싫다"** 이 짧은 말은 특별히 원성이 높은 직원이 불만을 수사적인 기술로 숨긴 예이다. 그들은 계속 이렇게 말을 잇는다. "과거에는 이 회사에서 일하는 것에 대해 자부심이 있었는데 이젠 그렇지 않다. 우리는 회사를 신뢰했지만 회사는 우리를 속였다. 직원들의 사기가 땅에 떨어졌다. 회사는 직원들을 부려먹고는 버리기만 한다. 자기 자신이 어떤지 거울을 보라. 이렇게 직원들을 대접하다니 부끄러운 줄 알아야 한다." 한편 회사 직원의 99퍼센트는 고개를 숙이고 "큰일났네"라고 중얼거린다. 직원들은 지겨운 연설이 큰일이 아니라 경영자들이 그들을 궁지에 몰았다는 사실이 큰일인 것이다.

이러한 사실은 경영진의 안이한 생각 또는 부적절하고 동기가 의심스러운 선동적인 이야기가 직원들의 입에서 나오기 전에 이미 처음 계획부터 잘못되었다는 것을 말해준다. 비디오 프리젠테이션에는 반드시 청중이 있어야 한다. 이 점이 피할 수 없는 잘못이다. 현장 직원들이 주요한 변화를 기대하고 있을 때, 그들이 점점 긴장하고 근심하고 있을 때, 그들의 피가 뜨거워지고 있을 때 절대 해서는 안 될 일이 직원들을 단체로 소집하는 것이다.

1896년 프랑스의 사회학자 구스타브 르 봉은 『군중The Crowd』이라는 책에서 개인이 무리를 이룰 때 '감정의 극대화'와 '지성의 억제'가 일어난다고 말했다. 중대한 발표를 앞두고 자막기 앞에서 연습해보는 자신의 모습을 상상해보라.

간행물

비디오와는 달리 회사의 간행물 때문에 많은 사람이 한자리에 모이지는 않는다. 현장 직원들의 눈에는 간행물도 여전히 2가지 주요 오류를 가지고 있다. 간행물은 신뢰할 수 없고 대개 이해가 되지 않는다.

1990년대 초반 주요한 변화가 일어나는 중에 월풀은 직원들에게 회사 간행물인 『비전』을 평가해보라고 했다. 『커뮤니케이션 월드』(1994년 3월호)에 피터 무어가 발표한 내용에 의하면 직원의 20퍼센트만 간행물이 "가치 있고 믿을 만하다"고 응답했다.

아마 월풀 직원들은 마음이 너그러운 편이었을 것이다. 1992년 머서 매니지먼트 컨설팅이 200명의 의사소통 관리자들을 대상으로 조사한 결과, 70퍼센트가 간행물이 "진실을 말살한다"고 답했으며 15퍼센트 미만의 사람들만이 간행물들이 "진실을 반영한다"고 답했다.

기업의 간행물이 만들어지는 절차 자체가 조직의 변화를 믿지 못하고 이해하지 못하게 만든다. 한 편집자가 해당 관리자들을 인터뷰하고 변화에 대한 기사를 쓴다고 하자. 10여 명의 최고경영자들이 이 기사에 대한 의견을 낸다. 각 경영자들은 편집자를 불러 기사를 더 좋게 만들 막연한 제안을 하게 되고 편집자는 이를 반영하여 최종 원고를 쓰기 시작한다. 이렇게 되면 현장 직원들은 더 이상 간행물을 읽지 않게 되며 오로지 경영자들만 자신의 영향력이 미친 흔적을 찾게 된다. 최종 원고는 대단히 잘 만들어졌고 공들여 만든 절충안으로 불쾌감을 주지 않지만 직원들은 이해하기 어렵게 된다.

많은 회사들은 효율적인 인쇄물 커뮤니케이션에 여러 장벽을 세운다. 이것은 『커뮤니케이션 월드』(1994년 4월호)에 실린 스테판 엔더슨의 글에 잘 나타나 있다. "GM은 사원을 위한 모든 간행물을 GM 경영자들과 유나이티드 오토 워커스가 공동으로 만들어야 한다고 요구한다. 또한 경영자, 감독관, 검열관 등의 마음에 흡족해야 한다."

특히 GM 자체 조사에서 8퍼센트의 직원만이 회사보다는 노동조합을 정보원으로 선호한다는 결과에 비추어 GM이 한 일을 생각해보라. 노동조합을 믿지 못하는 것은 미국노동조합에만 국한된 문제가 아니다. 노동조합 조직이 매우 발달한 호주 기업들을 조사한 데니스 테일러의 연구(호주 정부 출판국 출간)에 의하면, 45퍼센트의 직원만이 자기 노동조합이 대체로 또는 항상 진실을 말하는 데 반해 96퍼센트는 자신의 상사가 대체로 또는 항상 진실을 말한다고 응답했다. GM은 분명히 의사소통을 향상시키기 위해 노력하고 있지만 결국 신뢰할 수 없는 일만을 벌일 뿐이다.

다시 일상으로 돌아가서 회사 신문이 배포되는 날 현장 직원들을 찾아가 보라. 직원들이 상사의 사무실로 뛰어들어 가 앞으로 급속하게 진행될 변화에 대한 기사를 찾는가? 아니다. 현장 직원들은 바보가 아니다. 모든 기사의 정보는 거르고 다듬고 수정하고 온건하게 만들어졌고, 어조 역시 부드럽고 미화되었다.

비디오와 간행물은 유용한 도구가 될 수 있으나 현장 직원에게 주요 변화를 소개하는 데는 적절하지 못하다. 예를 들어, 비디오는 즉시 적용할 수 있는 기술적인 정보를 전달할 수 있다. 페더럴 익스프레스는 깨지기 쉬운 물건을 포장하고 운반하는 가장 좋은 기술을 비디오로 제작했다. US포스탈서비스는 요금 변경 시 창구 직원을 위해 요금 계산에 관한 비디오를 제작했다. 비디오는 직원들이 정보를 요구할 때도 유용하다. 예를 들어, 인도의 보팔에서 피해가 극심했던 화학물질 유출 사건이 발생한 뒤 유니온 카바이드의 전 세계 직원들은 이런 비극이 일어난 원인과 회사가 어떤 조치를 취했는지 알고 싶어 했다. 유니온 카바이드의 커뮤니케이션 부서는 매년 4개씩 제작하던 비디오를 45개로 늘렸다. 이런 비디오 제작은 가치가 있으며 유용하다.

이와 비슷하게 간행물 역시 가치가 있을 수 있다. 최선을 다한다면 간행물은 비공식적으로 직접 만나 논의를 하는 데 도움이 될 수 있다. 이것이 바로 이 글의 서두에서 말했던 혁신 안내 책자의 의도이다. 그러나 간행물만으로는 충분하지 않다. 조직 개혁에서 현장 직원들의 업무 방식에 변화가 필요하다면 이런 정보는 직접 만나 전달해야 한다. 먼저 변화와 관련된 최고경영자들과 현장 책임자들 사이에 논의가 이루어져야 하며, 일선 상사들과 그 일선 부하직원들 사이에 논의가 있어야 한다.

회의

많은 관리자들은 직접 대면하여 의사소통을 해야 한다고 알고 있으며 대규모 모임은 속임수라고 생각한다. 이런 생각은 잘못된 것이다. 직접 대면해서 의사소통한다는 의미는 현장 직원들과 대면할 때는 반드시 대규모 모임을 통해 만날 필요는 없다는 것이다.

잠시 생각해보라. 전문가들에게 현장 직원들과 의사소통하는 가장 좋은 방법이 무엇인지 물어보라. 그 전문가들은 누구인가? 유명한 컨설턴트들이 아니다. 전문가들은 현장 책임자들로 매일 현장 직원들과 의사소통을 하는 사람들이다. 그러나 연구원들은 이런 간부들에게 어떤 의사소통법을 좋아하는지 거의 물어보지 않는다. 제니스 클레인은 자신의 논문 「상사들이 직원 참여를 거부하는 이유」(『하버드 비즈니스 리뷰』 1984년 9~10월호)에서 85퍼센트의 상사들이 회의는 피하고 일대일 의사소통을 선호한다고 한다.

이유가 무엇일까? 현장 책임자들은 현장 직원들과 어떤 회의를 해도 불만을 토로하는 자리로 바뀔 수 있다는 사실을 알고 있다. 현장 책임자들은 직원 개개인들은 합리적이며 협력적이라고 생각한다. 하지만 단체가 되면 전혀 다른 마음을 갖는다고 생각한다. 현장 책임자들은 현장 직원에게 경영자들이 주도하는 모임에 공개적으로 따라나서라고 요구하는 것이 좋다고 생각하는가? 현장 책임자들은 어떤 직원이라도 회사가 주도하는 개혁을 지지하고 나선다면 회사의 앞잡이라는 취급을 받게 된다는 사실을 알고 있다.

의사소통 전문가들은 의사소통의 빅뱅 이론을 고수한다. 그들은 "물론 의사소통이 있었다. 당신도 빅 이벤트에 참석하지 않았나?"라고 말한다. 또한 큰 행사는 흥분을 자아내고 조직의 헌신을 보여준다고 믿고 있기에 행사 준비에 분주하다. 회의시간을 정하고 장소를 예약하고 임시 직원들을 배치하고, 슬라이드를 준비하고 현장 책임자들을 의사소통 기술 훈련 과정에 필수적으로 참여시킨다.

미국에서 대기업을 경영하는 여성 CEO와 운전기사 사이에 일어난 일이다. 성격이 아주 활달한 CEO의 운전기사는 매일 그녀를 집에서 사무실까지 태워 온다. 회사로 오는 도중 CEO는 직원들을 정리해고해야 한다는 생각에 마음이 무거웠다. 사무실에 도착하자 CEO는 간부회의를 소집하고 비밀로 해줄 것을 약속하며 자신의 걱정거리를 털어놓았다. 회사 실적이 좋지 않기 때문에 정리해고가 필요할 수도 있다고 말했다. 잠시 후 CEO는 회의장을 떠나 엘리베이터를 타고 지하 주차장으로 내려가서 차에 올라탔다. 이때 운전기사가 눈물을 글썽거리며 "언제까지 제가 근무하죠?"라고 물었다.

이 이야기는 대기업 내에서 헛소문이 얼마나 빨리 퍼지는지를 약간 과장한 것이다. 하지만 어떻게? 누가 그 헛소문 회의를 계획했는가? 직원들이 그 소문을 퍼뜨릴 시간이 있었는가? 누가 소문을 슬라이드에 띄울 것인가? 또한 상사들에게 새로운 소문 의사소통 기술을 가르칠 트레이너는 어디에 있는가?

진실은 거기에 있지만 우리는 보려 하지 않는다. 비디오, 간행물, 회의는 회사를 통해 정보를 옮기지 않고 방해한다. 가장 효과적인 의사소통 방법은 비공식 일대일 대면 방식이다. 소문의 문제점은 정확하지 않다는 데 있다. 다만 그 전파 능력만큼은 완벽하다는 것을 인정해야 할 것이다.

현장 책임자를 목표로 하라

직원들은 대체로 고위경영자, 사보, 비디오와 같은 회사 정보원을 통해 가장 먼저 변화에 관한 소식을 듣는다. 회사에 대한 현장 직원들의 엄청난 불신과 적대감을 생각해보면 이런 관행은 의아하다.

현장 직원들은 합병, 기업혁신 전략, 다운사이징, 리엔지니어링, 신기술 도입, 소비자 서비스 운동 등 변화에 관한 이야기를 그들과 가장 가까운 상사들로부터 들어야 한다.

직원들은 고위경영자들에 대해 부정적인 감정이 없을까? 1990년대 초반 주요 변화를 겪으면서 많은 기업들은 직원들에게 고위경영자들을 어떻게 생각하는지 물었다. 콜게이트 팜올리브의 직원들은 고위경영자들에 대해 리더십이 부족하고 방향성이 없고 함께 어울려 일하지 않으며 소비자들과 접촉이 없다고 평가했다.

스코틀랜드 왕립은행 직원들은 고위경영자들이 권위적이며 직원들을 잘 대해주지 않고, 주는 것보다 요구가 많고 직원들의 의견을 들으려 하지 않는다고 했다. 브리티시 텔레콤 직원들은 고위경영자들을 믿지 않으며, 최근의 변화는 대체적으로 개인뿐만 아니라 회사 직원들에게도 나쁘며 회사 자체에도 나쁘다고 했다. 월풀의 직원들은 간략하게 전에도 그들을 믿지 않았고 지금도 믿지 않는다고 말했다. 제록스는 고위경영자들과 직원들 사이가 극히 나쁘다고 했다.

이런 회사들은 당혹감을 느낄 필요가 없다. 고위경영자들에 대한 부정적인 감정을 갖는 경향은 개인 회사와 국가를 넘어서고 있다. 위에 언급한 기업들은 직원들의 부정적인 감정에 대해 외부에 말할 만큼 용감하고 자신만만하다고 할 수 있다. 당혹감을 느껴야 하는 사람들은 의사소통 컨설턴트들로, 그들은 이런 직원들의 부정적인 감정을 알면서도 고위경영자들에게 변화를 알릴 것을 계속 권고하고 있다. 주요 변화를 발표할 시간이 다가오면 컨설턴트들은 고위경영자들의 사무실 밖에 줄을 서서 한목소리로 "얼굴을 더 보여야 합니다" "사장님이 도망가지 않았다고 직원들에게 알려야 합니다"라고 조언한다. 이런 전략은 고위경영자들과 중간관리자들 사이에서는 도움이 되지만 현장 직원들에게는 먹히지 않는다.

실제로 고위경영자들과 변화를 시각적으로 결합시킬 때는 현장 직원들 사이에 저항이 일어나기도 한다.

직원들은 수년간 고위경영자보다는 현장 책임자로부터 정보를 받고 싶어 한다고 말하고 있다. 그러나 우리는 한마디로 그 말에 귀를 기울이지 않았다. 인터내셔널 어소시에이션 오브 비즈니스 커뮤니케이터와 타워스 페린 포스터 앤 크로스비가 1980년, 1982년, 1984년에 또 1990년에 TPF&C가 합동으로 연구한 조사에서도 모두 동일한 결론에 도달했다. 미국과 캐나다의 직원들은 직속 상사를 정보원으로 더 선호한다는 것이다. 인더스트리얼 소사이어티는 영국 직원들도 같은 생각을 하고 있다는 사실을 발견했다.

직원들의 의견 조사를 하는, 시카고에 위치한 인터내셔널 서베이 리서치의 1993년 연구에 따르면 유럽 전역의 직원들은 상사들을 정보원으로 선호한다고 한다. 지난 20년간 기업들의 자체 조사에서도 같은 결과가 나왔다. 아메리테크, AT&T, 캐드베리 스윕스, 엑슨 케미컬, GE, 제너럴 타이어, GM, 휴렛팩커드, 산타페 모두 직속 상사를 정보원으로 선호한다는 결론을 얻었다. 이렇게 일관된 목소리를 내는 연구는 드물다. 이 결과에 어떤 반응을 보일 것인가? 의사소통을 위한 시간, 돈, 노력의 80퍼센트를 상사들에게 쏟아 부어라.

이것은 급진적인 조언이다. 전통적인 방법은 고위경영자들에게서 변화가 시작되고 이 변화를 낙하산처럼 모든 사람들에게 골고루 전달하는 것이다. 그러나 고위경영자가 아닌 현장 책임자들이 회사의 오피니언 리더들이다. 현장 책임자들은 직원들의 태도와 행동에 큰 영향을 끼치므로 어떤 변화가 성공하려면 그들의 존재가 중요하다. 이런 인식은 커뮤니케이션 컨설턴트들에게는 상당히 급진적이지만 1940년대 이후부터 커뮤

표 4-2 현장 책임자들에게 의견을 물어라

1단계 현장 책임자 브리핑: 의견 수렴

해야 할 일	이유
· 1명의 고위경영자와 8~10명의 현장 책임자가 회의 개최	· 부하직원들을 두려워한다는 인상을 주지 말며 무리 지어 다니지 말라.
· '바꿀 것'과 '바꾸지 말 것'으로 구분된 종이 한 장을 준비한다(참석자 전원). · '바꾸지 말 것' 목록을 적는다. '바꿀 것' 난에 들어갈 목록을 추천받는다.	· 현장 책임자들과 게임을 하지 말라. 무언가 변화시킬 의도가 없다면 처음부터 분명히 하라. · 주장하거나 방어하거나 평가하기 위해 거기에 있는 것이 아니다. 현장 책임자들의 의견을 듣고 고위경영자 변화팀에 보고하는 것이 임무이다.
· 결정권을 절대 포기하지 말라. 결정권은 고위경영자 변화팀에 있다고 분명히 하라. · 회의시간이 절대 90분을 넘어서는 안 된다.	· 간부들의 의견을 얻기 위한 자리이지 허락을 받기 위한 자리가 아니다. · 간부들이 불안해지기 시작한다. 그냥 가서 할 일만 하고 나와라.

니케이션 조사에서 사실로 드러났다. 동시에 폴 라자스펠드, 버나드 버렐선, 헤이즐 고뎃은 『사람들의 선택The People's Choice』이라는 책에서 오피니언 리더들의 중대한 역할을 확인하였다.

현장 책임자들의 동의를 얻어내는 데는 현장 책임자 브리핑이 가장 효과적인 방법이다. 현장 책임자 브리핑은 변화를 주도하는 고위경영자와 소규모의 현장 책임자들이 대면하는 회의다. 이 브리핑은 대개 두 단계로 진행된다. 1단계에서 고위경영자가 변화에 대해 설명을 하고 현장 책임자들이 의견을 제시한다(표 4-2 참조).

1단계가 지나면 고위경영자는 고위경영자 변화팀에게 현장 책임자들의 의견을 보고하며, 이 현장 책임자 그룹은 가능한 한 많은 의견이 계획에 반영되도록 노력한다. 현장 책임자들이 고위경영자들의 변화를 얼마나 지지하는가는 현장 책임자들의 의견이 얼마나 많이 반영되는가에 달려 있다. 이때가 바로 협상이 필요한 시기다.

표 4-3 현장 책임자들에게 오직 사실만을 알려라

2단계 현장 책임자 브리핑: 결과 보고

해야 할 일	이유
· 동일한 관리자가 동일한 현장 책임자들을 만난다.	· 현장 책임자들은 경영과 같은 추상적인 내용보다는 사람에 대해 말하기 원한다.
· 현장 책임자들의 추천 내용이 담긴 종이 한 장을 가져온다(참석자 전원). 모든 내용에 대해 받아들여야 하는 이유와 거부해야 하는 이유를 간략하게 설명한다. · 질문에 대답은 하지만 논쟁하거나 지나치게 방어하지 않는다.	· 현장 책임자들을 설득시키려 하지 말라. 그 자리에 있는 목적은 책임자들의 추천 내용이 어떻게 되었는지 설명하려는 데 있다.
· 혁신 안내 책자를 모든 현장 책임자들에게 배포하라. · 혁신 안내 책자에 수록된 변화의 주요 내용을 자세히 설명하라.	· 현장 책임자들이 부하직원들과 대면해서 대화할 자료를 준비해주어야 한다.

2단계 브리핑에서는 의견이 어느 정도 반영되었는지 보고하고 마지막 계획안을 설명한다(표 4-3 참조). 2단계 브리핑이 끝나면 약 2주 후에 계획을 사보와 정보지에 게재하라.

현장 책임자 브리핑은 혁신적이지 않게 보일지라도 혁신적이다. 이런 브리핑을 제도화한 회사에서 무슨 일이 일어나는지 알고 싶은 현장 직원들에게는 한 가지 방법밖에 없다. 정보를 얻기 위해서는 바로 현장 책임자에게 물어보아야 한다. 그리고 이런 정보는 일대일로 현장 책임자가 설명하게 된다.

대규모 집회도 없고 대규모 발표회도 없고 경영자들의 로드쇼도 없고 인공위성으로 중계되는 연설도 없다. 과거에는 모든 사람들에게 차별 없이 제공되었던 모든 정보를 현장 책임자에게 주게 되면 그는 정보와 영향력을 갖게 되어 힘과 지위도 올라가게 된다. 따라서 현장 책임자들은 더욱 적극적으로 변화를 돕게 된다.

현장 책임자를 오피니언 리더로 대우하라

맥스는 1관 생산 제철소의 현장 책임자다. 인사부에서는 맥스가 회사에서 최고의 부하직원을 거느리고 있다고 말한다. 인사부가 어떻게 그것을 아는가? 맥스의 부서는 회사에서 가장 적은 휴식시간, 가장 적은 규율 문제, 가장 낮은 결근율, 최고의 안전 기록을 갖고 있기 때문이다. 맥스의 명성은 대단하다.

맥스가 휴가를 보내고 있던 어느 날 유지보수 직원들은 계속 오작동하는 주조기를 수리하는 데 애를 먹고 있었다. 새벽 2시, 마음이 급해진 직원들이 마침내 맥스가 수백 킬로미터 떨어진 선술집에 있다는 사실을 알아냈다. 기술자들은 전화로 고장난 기계의 소리를 들려주었고 맥스는 몇 분 동안 말없이 듣기만 했다. 맥스는 한 시간 정도 전화로 지시를 했고 기계는 이상 없이 돌아갔다.

맥스의 회사는 기술과 문화적으로 주요 변화를 겪게 되었는데, 어느 날 오후 공장이 멈추어 섰다. 400명의 현장 직원들이 한자리에 모였다. '철강, 우리의 미래'라는 현수막 아래에 고위경영자들이 분쇄 석탄 분사기, 박薄슬래브 연주 실험과 전기 아크로에 대한 새로운 자본 투자를 발표했다. 그리고 고위경영자들은 문화적인 변화에 대해서도 설명했다.

직원들과 어깨를 나란히 하고 앉아 있던 맥스는 이때 회사에서 현장 책임자를 없애겠다는 말을 처음으로 들었다. 현장 책임자들은 팀제의 팀장 역할을 하게 된다는 것이었다. 맥스의 유지보수부는 위원회의 프로젝트를 수행하는 팀이 되며, 모든 현장 직원들은 작업 효율을 높이기 위한 제안을 할 수 있게 된다는 것이었다. 맥스는 이런 문화적인 변화에 도움을 받게 되리라는 말을 들었다. 대학교수들은 맥스가 현장 책임자에서 새로운 체제의 담당자로 발전하는 데 도움을 줄 것이라고 했다.

이런 중요한 변화를 맥스에게 전달하는 데 있어서 이 방법이 가장 좋은 것이었을까? 맥스가 회사의 고위경영진들의 능력에 대해 의심을 한다면 의아한 일인가? 그러나 비난받을 사람은 최고경영자들이 아니다. 그들은 철강 전문가들이다. 책임은 커뮤니케이션 컨설턴트들이 져야 한다. '철강, 우리의 미래'는 당혹스럽기는 하지만 비극적이지는 않다. 비극은 아직 일어나지 않았다.

발표가 있은 뒤 현장 직원들은 맥스의 초라한 사무실로 찾아왔다. 그들은 주저하면서 "어떻게 생각하세요?"라고 물었다. 이 순간이 중요하다. 카페테리아에서 일어난 일은 온당치 않았다. 맥스의 사무실에서 일어나는 일이 새로운 장비에 대한 이러한 대규모 투자에서 수익을 올리기까지 어느 정도의 시간이 걸릴지 결정할 것이다. 발표가 끝난 뒤 컨설턴트들은 짐을 꾸려 돌아가 버렸다. 그들은 커뮤니케이션은 끝났다고 생각했다. 그러나 진짜 커뮤니케이션은 아직 시작되지도 않았다는 사실을 그들은 전혀 알지 못했다.

맥스는 현장 직원들에게 뭐라고 대답해야 할까? 그에게도 내부 정보가 전혀 없었다. 다른 현장 직원들과 다를 바 없었다. 맥스의 의견은 전혀 비중이 없어 보였다. 회사는 맥스를 중요한 사람으로 대접하지 않았고 그와 부하직원들을 모아놓고 알 수 없는 말을 쏟아 부었던 것이다. 현장 책임자들을 대상으로 한 유일한 말은 "이 회사에서 팀을 활성화시키지 못하는 현장 책임자에게는 자리가 없다"는 위협이었다. 이 변화에 대해 맥스가 무슨 말을 하겠는가? 그는 "쓸데없는 이야기군"이라고 말할 것이다. 바로 이것이 비극이다.

'철강, 우리의 미래'라는 캠페인은 가장 중요한 문제를 무시했다. 신기술에 대한 현장의 지원을 얻지 못했다. 현장에서는 협조하지 않을 이유가 충분하다. 실제로 현장에는 800가지의 이유가 있었다. 먼저 자본 투자로 맥스의 부서에서는 인원 감축이 있었다. 직원들은 실행을 늦춘다면 감원을 연기할 수 있다고 생각했다. 몇 달 연기하는 것도 좋고 몇 년을 연기한다면 더 좋을 것이다.

발표 내내 CEO는 기술 도입은 일자리를 빼앗기 위한 것이 아니라고 말했다. 그러나 직원들은 기술 도입이 감원을 목적으로 하는 것이 아니라는 걸 맥스에게서 들어야 한다. 그러기 위해 경영자들은 맥스를 비롯한 현장 책임자들을 설득해야만 한다.

그러나 잘못된 커뮤니케이션으로 인한 피해를 과장해서는 안 된다. 맥스의 회사는 끝내 변화를 실행할 것이다. 현장 직원들은 결국 감원이 목적이 아니었음을 알게 될 것이며, 회사는 더 좋은 철강을 더 빨리 소비자들에게 공급하게 될 것이다. 그런데 문제는 변화에 걸리는 기간이 필요 이상으로 길어진다는 데 있다.

로버트 헤이즈와 킴 클라크가 공저한 「왜 어떤 공장은 다른 공장보다 더 생산적인가」(『하버드 비즈니스 리뷰』 1986년 9~10월호)라는 논문에서는 새로운 장비에 대한 직원 교육의 결과로 생산성이 3분의 2 정도 향상한 공장들을 소개하고 있다. 직원들은 장비를 실험하고 개조하고 결합시킨다. 헤이즈와 클라크는 신기술 도입에 대한 직원들의 용인을 받지 못한다면 투자 목적의 결과를 얻는 데는 최대 1년까지 늦어질 수 있다고 주장한다. 맥스가 승인한다면 맥스의 직원들은 열심히 신기술을 배울 것이다. 또한 회사에서 맥스를 중요한 정보원과 오피니언 리더로 대우했다면 맥스도 신기술 습득에 더 열심을 보였을 것이다.

사람들은 흔히 경영자라 하면 정열적인 연설로 직원들을 분발시키려는 카리스마적인 모습을 떠올리지만 회사의 현장 직원들이 기대하는 경영자의 모습은 그렇지 않다. 아마 회사의 현장 직원들은 이 글에 상당히 공감할 것이라 생각한다. 고위경영자들은 직원들이 친근해하며 믿을 만한 정보원으로부터 기대하는 정보를 얻게 될 경우에만 업무 수행 방식을 바꾼다는 사실을 반드시 알아야 한다. 행동 변화가 가장 중요한 현장에서는 현장 책임자와 직원들 사이의 커뮤니케이션이 가장 중요하다.

5

대립이 없으면 발전도 없다

캐서린 에이센하트
Kathleen M. Eisenhardt

진 케워지
Jean L. Kahwajy

L. J. 브루주아 3세
L.J.Bourgeois Ⅲ

고위경영자들은 문제를 해결함에 있어서 대립은 자연스럽고 필요한 것이라고 생각한다. 다른 사람의 생각에 이의를 제기하는 경영진은 자신들의 선택을 더 완벽하게 이해하게 되며 더 많은 대안을 만들고 더 나은 결정을 하게 된다는 것이다.

고위경영자들은 경영 문제를 놓고 대립하는 어려움을 종종 겪는다. 그들은 문제에 대한 대립은 자연스러운 것이며, 그것이 필요하다는 사실도 알고 있다. 불확실한 상황 속에서 합리적인 사람들은 회사의 미래를 위한 최고의 방법을 놓고 적의가 없는 의견 차이를 보인다.

다른 사람의 생각에 이의를 제기하는 경영진들은 자신들의 선택을 더 완벽하게 이해하게 되며, 더 많은 대안을 만들고 오늘날의 경쟁적인 환경에서 필요로 하는 더 나은 결정을 하게 된다. 문제를 해결하기 위한 대립이 개인적인 싸움으로 전락하지 않게 하는 것이 무엇보다도 중요하며, 이것은 경영진에 있는 사람들에게는 익숙한 문제일 것이다.

이 글의 저자들은 경영진의 의사결정 과정에서의 대립, 정치, 속도의 상호작용을 조사했는데, 먼저 다음과 같이 유능한 팀의 6가지 특징을 찾아냈다.

이런 전략은 대립을 문제에만 국한시키기 때문에 팀원들 간에 경쟁보다는 협력을 유도하며 의사결정 과정에서 공정성을 갖게 한다.

대립이 없다면 그룹은 효율성을 잃게 된다. 관리자들은 위축되기 쉽고 표면적으로만 화합이 된 것처럼 비춰진다. 대립의 반대는 대개 합의가 아니라 무관심과 이탈로, 이는 기업 와해의 주요 원인이 된다.

보다 많은 정보를 갖고 일한다, 활발한 토론을 위해 여러 대안을 개발한다, 목표에 집중한다, 유머를 즐긴다, 균형잡힌 권력구조를 유지한다, 합의를 강요하지 않고 문제를 해결한다.

고위경영자들은 경영 문제를 놓고 대립하는 어려움을 종종 겪게 된다. 그들은 문제에 대한 대립은 자연스러운 것이며, 그것이 필요하다는 사실도 알고 있다. 불확실한 상황 속에서 합리적인 사람들은 회사의 미래를 위한 최고의 방법을 놓고 적의가 없는 의견 차이를 보인다. 다른 사람의 생각에 이의를 제기하는 경영진은 자신들의 선택을 더 완벽하게 이해하게 되며, 더 많은 대안을 만들고 오늘날의 경쟁적인 환경에서 필요로 하는 더 나은 결정을 하게 된다.

그런데 불행히도 건전한 대립은 비생산적이 되기 쉽다. 실질적인 의견이 인신공격으로 받아들이는 경우도 있으며, 어려운 선택에 대한 걱정과 좌절이 동료를 향한 분노로 발전할 수도 있다. 사람의 성격도 문제와 자주 얽히게 된다. 대부분의 경영자들은 자신은 합리적인 의사결정을 하는 사람이라는 자부심을 가지고 있기에 자신의 감정적이고 불합리한 면을 인정하지 않는다.

최고경영진에 참여한 사람들은 문제에 대한 건설적인 대립이 개인 간의 싸움으로 악화되지 않게 하고, 관리자들의 능력을 약화시키지 않으

표 5-1 팀이 논쟁하면서도 원만하게 지내는 법

전술	전략
현재의 사실적인 정보를 토론의 근거로 삼는다. 풍성한 토론을 위해 다양한 대안을 개발한다.	사람들의 성격보다는 문제에 집중한다.
목표에 집중한다. 의사결정 과정에서 유머를 활용한다.	공동으로 의사결정을 하여 회사를 위한 가장 가능성 있는 해결책을 찾아낸다.
균형 잡힌 권력구조를 유지한다. 합의를 강요하지 말고 문제를 해결한다.	과정의 공정성과 공평성을 확립한다.

며, 한 팀으로 토론에 참여하도록 격려해야 한다(표 5-1 참조).

우리는 지난 10년 동안 고위경영자들이 전략적인 의사결정을 할 때의 대립, 정치, 속도의 상호작용을 조사했다. 한 연구에서 우리는 기술기반 기업의 10여 명의 고위경영자들을 자세히 살펴볼 기회가 있었다. 모든 기업들은 급변하는 세계시장에서 경쟁해왔다. 따라서 모든 팀은 커다란 불확실성에 직면하여 위험도가 높은 결정을 내린 뒤 신속하게 움직여야 하는 압력에 시달렸다. 각 경영진은 5~9명의 이사들로 구성되어 있었다. 특정한 전략적 의사결정을 추적하면서 우리는 개인별로 그들에게 질문하고 그들의 상호작용을 바로 옆에서 지켜볼 수 있었다. 이 연구의 목적은 고위경영자들이 실제로 겪고 있는 대립을 관찰하고 비즈니스 의사결정에서 감정의 역할을 파악하는 데 있었다.

12개 기업 중 4개 기업은 주요 문제에 대해 실질적인 견해 차이가 거의 없거나 전혀 없었다. 하지만 나머지 8개 기업은 상당한 대립을 겪었다. 8개 기업 중 4개 기업의 최고경영진은 상호 적대감이나 불화를 피하는 방법으로 대립을 해결했다.

브라보 마이크로시스템, 프리미어 테크놀로지, 스타 일렉트로닉스, 트라이엄프 컴퓨터가 그러한 기업들이다. 이 회사의 이사들은 동료들을 '영리하다' '팀 플레이어' '비즈니스의 귀재'라고 했다. 그들은 팀으로 일하는 것이 '개방적'이고 '재미있고' '생산적'이라고 말했다. 이 이사들은 문제점을 토론하는 데 열심이었지만 정치공작이나 줄서기에는 전혀 시간을 허비하지 않았다. 누군가 말했듯이, 정말 시간이 없었다. "우리는 문제를 얼버무리지 않고 정면으로 덤빈다. 하지만 우리는 정치적이지 않다"라고 말하는 사람도 있었다. 최고경영진의 한 여성 이사는 "우리는 소리도 많이 지르고 웃으면서 문제를 해결한다"라고 말했다.

문제해결에 대립을 겪은 나머지 4개 기업은 상호 대립을 잘 피하지 못했는데, 안드로메디아 프로세싱, 메가 소프트웨어, 머큐리 마이크로디바이스, 솔로 시스템이 그러한 기업들이다. 이 회사들의 최고경영진은 격앙된 증오심 때문에 어려움을 겪었다. 이사들은 협력하지 못하거나 서로 거의 말을 하지 않았으며, 파벌을 짓기도 하고 공개적으로 욕구불만이나 분노를 표시하기도 했다. 자신의 동료들을 가리켜 '교묘하고' '비밀스럽고' '퇴물이고' '정치적'이라고 말하는 이사도 있었다. 그런데 이사들은 전략적으로 중요한 문제에 대해 의견 차이를 보였지만 사이는 좋았다. 어떻게 그럴 수 있었는가? 그 팀들의 행동을 관찰한 내용을 분석한 후에야 우리는 이 회사들이 상호 대립을 관리하는 6가지 동일한 전술을 사용한다는 사실을 알게 되었다.

- 팀원들은 더 많은 정보를 가지고 일하며, 사실에 근거를 두고 토론했다.
- 토론의 수준을 높이기 위해 여러 가지 대안을 개발했다.
- 공동 합의한 목표를 공유했다.
- 의사결정 과정에서 유머를 활용했다.

- 균형 잡힌 권력구조를 유지했다.
- 합의를 강요하지 않고 문제를 해결했다.

　이런 전술들은 경영진의 의사결정 과정에서 드러나기보다는 대개는 숨어 있었고, 이 전술들의 명칭도 회사마다 달랐다. 그럼에도 불구하고 4개의 회사에서 6가지 전술을 모두 사용하고 있다는 사실이 그 효과를 대변해주고 있었다. 가장 놀라운 사실은 이 전술들은 경영진의 의사결정 속도를 늦추지 않고 오히려 가속시키는 경우도 있다는 것이었다.

사실에 치중하라

　어떤 관리자들은 일하는 데 데이터가 너무 많으면 토론거리가 늘어나게 되어 상호 대립이 증가한다고 생각한다. 그러나 데이터가 객관적이고 최근의 것이라면 사람들의 성격이 아닌 문제에 집중하게 되므로 정보는 많을수록 좋다. 예를 들어, 스타 일렉트로닉스의 경영진은 매달, 심지어는 매일 광범위한 운영 수치들을 점검한다. 그들은 "모든 것을 평가한다"고 주장한다. 특히 매주 예약, 주문 잔고, 이문利文, 각종 공사지표, 현금, 고철, 작업공정 같은 지표들을 면밀히 살핀다. 매달 좀더 종합적인 수치들을 검토하여 회사의 실제 현황을 폭넓게 알고 파악하는 것이다. 어느 이사는 "우리는 매우 철저하게 통제한다"라고 언급하기도 한다.

　스타 일렉트로닉스의 경영진은 외부 환경에 대한 사실 자료도 검토한다. 한 전무는 경쟁회사의 상품 도입, 가격 변동, 광고 캠페인 등의 움직임을 추적하는 임무를 맡았다. 대학과 다른 회사와의 네트워크를 통해 최신 기술 개발에 관한 소식을 담당하는 이사는 "스타 일렉트로닉스의 데이터에 관한 열정은 MBA의 수준을 뛰어넘는다"라고 당당하게 말한다. 사실에 정통한 스타 일렉트로닉스의 이사들은 회사의 사업 내용을 매우 소상히 알고 있기 때문에 주요 문제에 대한 토론에 집중할 수 있고 무지로 인한 쓸모없는 논쟁은 피하게 된다.

트라이엄프 컴퓨터에서도 '현재 사실'에 대해 대단한 열정을 가지고 있었다. 새로운 CEO는 엔지니어링 개발 프로젝트의 진전 정도와 회사의 신상품 개발 정도를 확인할 사람을 가장 먼저 채용했다.

좋은 데이터가 없으면 이사들은 요점 없는 토론으로 시간을 낭비하게 된다. 어떤 사람들은 상상에 의존하고 엉성한 추측을 하게 된다. 또한 아무 문제가 없는 사람이 의견 대립의 초점이 되어 상호 대립이 발생한다. 이런 회사의 고위경영자들은 예약, 엔지니어링 마일스톤과 같은 내부 운용, 경쟁 상품과 같은 외부 문제들에 대한 정보에 눈이 어두워지기도 한다. 이런 회사들은 데이터를 편협하고 간헐적으로 수집하며, 내부 정보 수집을 담당하는 재무 담당 부사장은 대체로 힘이 약하다. 우리가 살펴본 회사에서는 이런 사람들을 '미숙하다'거나 '고립되어 있다'고 말했다. 이와는 반대로 상호 대립이 거의 없는 프리미어 테크놀로지와 같은 회사의 재무 담당 부사장은 "회사의 현황에 대해 계속 정보를 받는 중심 인물"이라는 평을 듣는다.

상호 대립으로 어려움을 겪는 최고경영진은 현재 데이터보다는 직감과 추측에 더 많이 의존한다. 이들은 사실을 검토할 때 역사적이며 지난 수치를 더 선호한다. 이들은 보외법과 직관에 근거를 두고 미래의 계획을 세운다. 보외법이나 직관은 실제 결과를 보여주지는 않으며, 이들의 대화는 좀더 주관적이다. 대립이 심한 4팀 중 1팀의 CEO는 운영 수치에 대해 '최소한' 의 관심만 보이며, 그의 목표도 '주관적' 이다. 비슷한 유형의 다른 회사의 전무는 CEO를 '공상적' 이며 실제 운용과는 거리가 먼 사람이라고 평한다. 이런 CEO와 '실용적인 수치맨' 이라는 명성을 얻고 있는 브라보 마이크로시스템의 CEO를 비교해보라.

사실 의존도와 미약한 상호 대립은 직접적인 관련이 있다. 사실이 뒷받침되면 사람들은 전략적 선택을 둘러싸고 있는 중심 문제에 보다 빨리 접근하게 된다. 의사결정자들은 사실이란 무엇인가를 놓고 벌이는 논쟁에 얽매이지 않는다. 더욱 중요한 것은 현재 데이터에 의존하는 것으로, 이는 현실에 기초하여 전략적인 논의를 한다는 데 의미가 있다. 현재 판매량, 시장점유율, 연구개발비, 경쟁업체 동향, 생산량 등의 사실들은 사람의 상상, 추측, 자기만족을 추구하려는 욕망이 아니기에 데이터는 논의를 비개인화한다. 사실이 없다면 개인의 동기는 의심스럽게 된다. 사실에 근거한 결정은 개인의 성격 대신 문제를 강조하는 문화를 만든다.

대안을 여러 개 만들어라

일부 관리자들은 한두 가지 대안에만 역점을 두어 사람들이 이견을 가질 수 있는 범위를 최소화하면 대립을 줄일 수 있다고 생각한다. 그러나 상호 대립의 경우가 적은 팀은 그 반대다. 그들은 일부러 여러 가지 대안을 개발하고 한 번에 4~5가지의 대안을 검토하기도 한다. 활기찬 토론을 위해 관리자들은 지지하지 않는 대안을 도입하기도 한다.

트라이엄프의 신임 CEO가 취임할 무렵, 회사의 신상품 개발은 난항을 겪고 있었고 투자자들은 점점 더 초조해하는 상황이었다. 그는 회사의 저조한 실적을 올리기로 결심하고 데이터를 모으기 시작했으며 전무에게 대안 개발을 지시했다. 두 달도 지나지 않아 4가지 대안이 개발되었다. 첫 번째 안은 회사의 일부 기술을 판매하는 것이었다. 두 번째는 주요 전략의 전환으로 새로운 시장에 진입하기 위한 기본 기술을 사용하는 것이었다. 세 번째는 엔지니어링 자원을 재배치하여 시장접근을 조정하는 것이었다. 마지막 네 번째 대안은 회사 매각이었다.

팀원들은 대안을 만들며 함께 일하면서 팀워크가 생겼을 뿐 아니라 트라이엄프의 경쟁 상황과 기술력을 좀더 창조적으로 바라보게 되었다. 그 결과 팀은 개별적으로 바라보았을 때보다 더 확고한 여러 가지 대안들을 결합할 수 있었다.

우리가 관찰한 상호 대립이 미약한 다른 팀들도 여러 가지 대안을 개발하여 의사결정에 활용했다. 스타는 폭발적인 성장으로 현금흐름의 위기에 직면하게 되자, 이사들이 여러 가지 대안 중에서 은행 대출과 추가 주식 매각, 여러 파트너들과의 전략적 제휴를 검토했다. 브라보의 관리자들은 3가지 대안을 검토했다. 제안자가 확신하는 성실한 제안서, 반론을 위한 다른 제안서, 선택의 폭을 넓히기 위한 기타 대안 등이 그것이다.

여러 가지 대안이 상호 대립을 줄일 수 있는 데는 몇 가지 이유들이 있다. 첫째, 대립을 희석시킨다. 흑백논리에서 벗어난 선택을 할 수 있으며, 여러 대안에 대해 지지할 수 있다. 관리자들은 권위를 잃지 않으면서 입장을 보다 수월하게 바꿀 수 있으며, 여유 있고 활기차게 대안을 만들게 된다. 관리자들은 문제해결에 에너지를 집중하여 많은 의사결정권자들의 의견이 담긴 통합적인 해결책을 얻을 수 있게 된다. 다양한 대안을 만드는 관리자들은 확실한 해결책을 찾는 데 만족하지 않으며 더욱 독창적인 대안들을 계속 개발하게 된다. 그들은 개발 과정 자체를 창조적이고 재미있게 여긴다. 그러므로 이러한 과정은 인간적인 상호 대립보다는 실질적인 의견 대립을 낳는 것이다.

이와는 대조적으로 한두 가지 대안만을 놓고 열심히 토론하는 팀에서는 의견 대립이 인간적인 다툼으로 변하기도 한다. 예를 들어, 솔로 시스템의 고위경영진들은 새로운 사업 영역으로 진입하는 것이 회사의 실적을 올리는 길이라고 생각했다. 그들은 이 대안과 현상 유지를 놓고 논의했지만 그 외의 대안들은 검토하지 않았다. 이사들은 각각 양편으로 나누어지기 시작했다. 적대감이 너무 커져 변화를 지지하던 사람은 넌더리를 내며 회사를 떠났고, 나머지 팀원들은 이탈하거나 역기능을 일으키는 격렬한 정치공작에 빠져들었다.

공동 목표를 만들어라

파괴적인 대립을 최소화하기 위한 세 번째 전술은 경쟁이 아닌 공동으로 전략적인 대안을 만드는 것이다. 협력과 경쟁은 어느 경영 집단 안에도 존재한다. 이사들은 회사 실적에 대해 공동 책임을 지지만 개인의 야심 때문에 권력을 쥐기 위한 경쟁 관계가 될 수 있다. 우리가 연구한 성공적인 그룹들은 공동의 목표를 세우고 공동으로 의사결정을 하여 전체를 위한 최선의 해결책을 찾았다. 목표를 위해 모든 사람이 동일한 생각을 하지는 않지만 같은 비전을 공유해야 한다. 실리콘밸리에 위치한 유명 기업인 애플, 넥스트, 픽사와 모두 관련을 맺고 있는 스티브 잡스는 "모든 사람들이 샌프란시스코로 가려고 할 때 어떤 길로 갈지를 토론하는 데 많은 시간을 허비하는 것은 상관없지만, 한 사람은 샌프란시스코로 가려 하고 다른 사람은 비밀리에 샌디에고로 가려고 하는데 많은 시간을 낭비한다면 문제다"라고 조언했다.

대립으로 발이 묶인 팀은 공동 목표가 있을 수 없다. 팀원들은 서로를 경쟁 상대로 보며 놀랍게도 위협에 대한 반작용으로 부정적인 결정을 내리게 된다. 안로메다 프로세싱의 예를 보면 팀은 나쁜 실적에 대한 해결책을 찾으려 하고 팀원들은 책임질 사람을 찾으려 했다. 이런 부정적인 접근은 스타 일렉트로닉스의 이사들이 취한 긍정적인 접근 방법과는 대조를 보인다.

스타 일렉트로닉스의 이사들은 공동 목표를 공유하면서 현금 위기를 위협으로 보지 않고 임박한 싸움에 대비해 가장 큰 전쟁 자금을 모을 기회로 보았다. 언젠가 스타 일렉트로닉스의 한 이사는 "우리는 대개 공동의 시각을 갖는다"라고 말한 적이 있는데, 이들은 과연 '당대 최고의 컴퓨터 회사를 만들자'는 목표를 공유하고 있었다.

이와 비슷하게, 우리가 인터뷰한 프리미어 테크놀로지의 모든 경영 팀원들도 자신들의 공동 목표는 '시장에서 가장 좋은 기계를 만드는 일'이라고 밝힌 바 있다. 따라서 그들은 국내 생산이냐 해외 생산이냐 하는 문제, 혹은 대체 유통경로와 같은 중요한 기술적 대안에 대해 개인적인 다툼이 아닌 의견 차이를 보일 수 있다.

그룹의 의사결정과 그룹 사이의 대립에 관한 많은 연구에서는, 공동 목표는 팀원 전원이 논의 결과에 관심을 보여야 팀이 결속되어 공동 목표를 달성한다고 말한다. 팀원들이 공동 목표를 위해 일하게 되면 자신들을 승자나 패자로 보지 않게 되며, 다른 사람의 의견을 정확하게 받아들여야 더 많은 것을 배우게 되는 것이다. 공동 목표가 없으면 이사들은 마음을 닫은 채 다른 사람들을 잘못 이해하고 그들에게 책임을 돌리려고 한다.

유머를 활용하라

대립을 잘 다루는 팀들은 긴장 완화를 위해 때로는 인위적이기는 하지만 분명한 노력을 기울이며, 동시에 일을 재미있게 만들어 협동심을 고취시킨다. 이들은 거칠고 불확실한 시장에서의 경쟁에 대한 스트레스보다는 빠른 속도 경쟁을 통한 흥분을 강조한다.

상호 대립이 적은 팀들은 모두 일할 때 유머를 활용하는 방법을 터득하고 있었다. 브라보 마이크로시스템의 이사들은 주로 사무실에 둘러앉아 농담을 즐긴다. 예를 들어, 고객이 보내준 분홍색 플라스틱 플라밍고는 브라보의 아주 잘 꾸며진 본사를 장식하고 있다. 이와 비슷하게 트라이엄프 컴퓨터의 고위경영자들은 매월 단체 체중 재기를 한 뒤 '디저트 마음껏 먹기 대회'를 개최한다. 이런 사소해 보이는 행사는 업계의 압력에도 불구하고 일을 더 즐겁게 하려는 CEO의 신중한 계획 중 하나다. 스타 일렉트로닉스에서는 회사를 '재미있는 장소'로 만드는 것을 경영진의 목표로 삼고 있다. 때문에 이 회사의 경영자 회의에서는 웃음소리를 자주 들을 수 있으며, 대화 중에 실용적인 농담이 자주 오간다. 이사들은 다른 직원들과 함께 항상 할로윈 파티와 4월 만우절 행사를 즐긴다.

이런 회사들의 이사들은 적어도 억지로라도 농담을 해야 하며, 심지어는 강요해야 한다고 생각한다. 농담이 긴장을 풀어주고 협력에 도움이 된다는 사실을 확실히 알고 있기 때문이다.

상호 대립이 심한 팀에는 상상외로 유머가 없다. 친구로 지내는 몇몇 사람들은 있지만 팀원들은 기본적으로 한두 번의 공휴일 파티를 제외하고는 전혀 그룹 교제를 하지 않으며 조금의 농담도 하려고 하지 않는다. 따라서 의사결정을 할 때 적대감이나 긴장감이 도는 경우도 있다.

유머는 전략 결정을 하는 동안 일반적으로 발생하는 긴장 상태와 위협적인 상황에서 사람들을 보호하는 방어적인 기능을 한다. 또한 눈앞에 닥친 상황을 좀더 큰 삶의 맥락에서 볼 수 있게 해주며 정신적으로 여유를 갖게 해준다. 유머는 그 모호성 때문에 부정적인 정보가 주는 위협적인 면을 완곡하게 만들 수 있다. 유머를 사용하지 않으면 공격적으로 들릴 수밖에 없는 말은 유머로 표현해야 한다. 메시지는 심각하지만 유머로 인해 심각하지 않도록 할 수 있다. 듣는 사람은 심각한 메시지를 들으면서 심각하지 않은 척할 수 있기에 체면을 차릴 수 있게 된다. 그 결과 어려운 정보를 좀더 전술적이면서도 덜 위협적인 방법으로 의사소통을 하게 된다.

또한 유머는 분위기에 큰 영향을 끼쳐 경쟁 관계가 아닌 협력 관계에서 의사결정을 할 수 있도록 돕는다. 긍정적인 사람은 보다 낙천적이며 다른 사람들에게 관대하며 해결책을 찾는 데 창조적이다. 긍정적인 분위기에서는 방어적인 자세를 취하지 않으므로 상대방의 의견을 더 잘 들을 수 있으며, 다른 사람의 주장을 좀더 정확하게 인식하게 된다.

힘의 균형을 이루어 공정성을 확보하라

자기 팀의 의사결정 과정이 공정하다고 믿는 관리자들은 다른 사람들의 의견에 동의하지 않더라도 적의 없이 결정을 받아들인다. 그러나 과정이 공정하지 못하다고 생각하면 악의는 곧 개인 간의 대립으로 발전한다. 개인 간의 대립을 완화하는 다섯 번째 전술은 최고경영진 내에서 힘의 균형을 이루어 공정성을 확보하는 것이다.

강력한 중앙집권적인 구조를 통해 경영을 하는 독재형 리더들은 개인

간의 대립을 크게 유발하기도 한다. 그 반대로 힘이 미약한 리더들도 최
상층부에 권력 진공 상태를 만듦에 따라 관리자들이 서로 유리한 자리를
선점하려고 각축을 벌이기 때문에 개인 간의 대립을 발생시킨다. 즉, 균
형 잡힌 권력구조에서 개인 간의 대립이 가장 낮다고 할 수 있다. 이런 구
조 하에서는 CEO가 다른 경영 간부들에 비해 많은 힘을 지니고 있지만
다른 간부들도 자신의 영역에서는 특별하고 실질적인 힘을 행사한다.

많은 사람들이 '팀 플레이어'라고 부르는 프리미어 테크놀로지의 CEO
는 가장 힘이 있는 인물이면서도, 각 이사들 역시 자신만의 영역에서 가
장 영향력 있는 의사결정권을 행사하고 있었다. 또한 팀 전체가 모든 중
요 결정에 참여했다. 한 이사는 "이 CEO는 좋은 사람을 뽑아 그 사람들
이 운영하도록 맡긴다"라고 말했다.

균형 잡힌 권력구조를 지니고 있는 또 다른 회사 브라보 마이크로시스
템의 CEO는 자신의 철학을 '가능한 한 많은 사람들이 참여하여 빠른 결
정을 내리는 것'으로 요약했다. 우리는 몇 개월 동안 주요 전략 개혁을
하고 있는 브라보 마이크로시스템의 경영진을 관찰했다. 그들은 많은 그
룹 토론을 거친 뒤, 최종 결정은 팀 전체가 참여한 가운데 며칠간 칩거하
여 내렸다.

이와는 대조적으로 개인 간의 분쟁이 많은 팀의 리더들은 아주 독재적
이거나, 반대로 연약했다. 예를 들어, 머큐리 마이크로디타이스의 CEO
는 주요 의사결정권자였다. 그런데 그와 나머지 팀원들 사이에는 힘의 차
이가 상당했다. 우리가 관찰한 바에 의하면 CEO는 처음부터 끝까지 의
사결정 과정을 지배하면서 문제를 찾아내고 분석하고 선택했다. 팀원들
은 이 CEO를 '강하고' '독단적'이라고 말했다. 한 팀원은 "우리 CEO가
의사결정을 할 때는 신이나 다를 바 없다"라고 밝히기도 했다.

안드로메다의 CEO는 너무 신중하게 권력을 행사하는 사람으로, 고위 경영진들은 책임의 한계가 불분명하여 힘은 분산되고 모호했다. 이 회사의 한 전무는 무언가 성취하기 위해서는 내부에서 서로 정치공작을 하여 최상층부가 혼란스러워지며 매우 심한 좌절감을 느껴야 한다고 언급했다.

대부분의 이사들은 모두가 그런 것은 아니지만 어느 정도 비중 있는 비즈니스의 영역을 맡고 싶어 한다. 그런데 독재적이거나 연약한 CEO 때문에 자신의 힘을 발휘하지 못하고 중요한 의사결정을 내리지 못하게 되면서 자신들의 무능함에 실망하게 되고, 결국은 팀원이 되지 않고 정치인들이 되는 것이다. 한 이사는 "우리는 모두 자기 자리 확보에 열을 올리고 있다"라고 설명하는가 하면, 다른 이사는 "나는 언제나 CEO의 마음에 들도록 처신한다"라고 설명했다.

우리가 관찰한 상황들은 리더십에 관한 고전적인 사회심리학 연구와 일치한다. 예를 들어, 1960년대부터 시작된 한 연구에서 랄프 화이트와 로날드 리피트는 사내아이들을 대상으로 여러 가지 유형의 리더십 효과를 조사한 적이 있다.

연구 결과 균형 잡힌 권력구조와 가장 유사한 민주적인 리더가 있는 그룹의 소년들은 자신들의 활동에 즉각적으로 많은 관심을 보인다고 한다. 소년들의 만족도도 높으며 그룹 내에서도 친밀감 있는 말을 많이 하고, 칭찬을 자주 하며, 상당히 협동적이었다.

반면, 나약한 리더 아래에 있는 소년들은 질서가 없고 비능률적이며 만족해하지 못했다. 가장 최악의 경우는 독재적인 리더가 있는 그룹으로, 그러한 리더 아래에 있는 소년들은 적대적이며 공격적이고 때로는 결백한 희생양에게 물리적인 폭력을 휘두르기도 한다.

권력이 불균형을 이루는 상황에서 어른들은 동료들이 폭력적이라고 여길 만큼 언어폭력을 행사한다. "십자포화를 맞은 적이 있다"라고 말하는 이사가 있는가 하면, 다른 이사는 동료를 '장전된 총'이라고 묘사하기도 하며, 또 다른 이사는 'CEO에게 공격당하는 것'에 대해 열변을 토하기도 한다.

조건부 합의를 하라

힘의 균형을 잡는 일은 공정성을 이룩하기 위한 한 가지 전략이다. 의견 대립을 해결하기 위해 적절한 길을 찾는 것은 다른 문제로 더 중요하다고 볼 수 있다. 우리가 연구한 바에 따르면 효과적으로 대립에 대처하는 팀들은 실질적인 대립을 해결하는 데도 같은 방법을 사용했다. 이것은 일부 이사들이 조건부 합의라고 하는 2단계 과정이다. 이 과정에서는 먼저 이사들이 문제에 대해 논의한 뒤 합의에 이르도록 노력한다. 합의하게 되면 결정이 내려진다. 합의하지 못하면 그 문제와 가장 관계가 있는 전문가 그룹의 나머지 사람들의 정보에 따라 결정을 내린다.

일례로, 프리미어 테크놀로지의 경쟁 회사가 신상품을 개발하여 공격해 온 일이 있었다. 이때 대응책을 놓고 첨예한 의견 대립이 있었는데, 연구개발 자원을 사용하여 대응하자고 하는 의견이 제기되었는가 하면, 단순히 기존 상품들을 색다르게 꾸며 다시 포장하자는 의견도 있었다. 그런가 하면 경쟁 회사의 위협은 크게 반응을 보여야 할 만큼 심각하지 않다고 생각하는 사람들도 있었다.

몇 주 동안 여러 차례 회의를 거친 후에도 합의에 이르지 못하자, CEO와 마케팅 담당 부사장이 결정을 내렸다. CEO는 "직능 대표들은 논의하고 내가 방아쇠를 당긴다"라고 설명했다. 프리미어 테크놀로지의 이사들은 물론 결과에 동의하지 않는 사람들까지도 이 결정에 만족해했다. 모든 사람들이 의사결정 과정에서 자기 목소리를 냈기 때문이다.

사람들은 대개 합의를 조화와 연관시키지만 연구 결과 그 반대라는 사실을 알아냈다. 합의를 강요해서 실질적인 대립을 해결하려는 팀은 개인 간의 대립이 가장 심한 경향이 있다. 이사들은 합의는 항상 가능하다는 생각을 하기도 하지만, 합의에 대한 이런 순진한 주장은 끝없는 논쟁을 일으킬 수 있다. 메가 소프트웨어의 엔지니어링 담당 부사장은 "합의란 모든 사람이 거부권을 갖고 있다는 의미다. 우리 상품은 너무 늦었고 너무 비쌌다"라고 말했다.

안드로메다의 CEO는 이사들이 합의에 이르기를 원했지만 의견의 차이는 여전히 남아 있었다. 토론은 여러 달 동안 계속되었고 실망감은 극에 달해 일부 관리자들은 포기하고 말았다. 그들은 어떤 결정이든 결정만을 원했다. 한 관점을 지지했던 몇몇 관리자들이 회사를 떠났을 때 마지막으로 한 가지 사항이 결정되었다. 그리고 합의의 대가로 팀이 축소되었다.

합의를 강조하는 팀에서는 마감일 때문에 이사들이 공정성을 버리게 되어 최종 결정에 대한 팀의 지원을 약화시키게 만든다. 그동안 안드로메다의 이사들은 몇 개월에 걸쳐 자신의 업계를 분석하여 미래의 중요한 트랜드에 대해 관점을 공유하게 되었다.

그러나 그들은 결정에 결코 집중할 수 없었다. 의사결정 과정은 질질 끌었다. 마침내 이사회가 임박해오자 CEO는 한 가지 안을 만들어 발표했다. 초기 논의에서 한 번도 언급된 적이 없는 안이었다. 당연히 그의 팀은 화가 나고 당황스러웠다. CEO가 합의하도록 덜 강조했다면 시간에

쫓겨 그렇게 독단적으로 행동하지 않았을 것이다(이 글의 마지막에 있는 '효과적인 팀 구축 방안' 참조).

조건부 합의로 어떻게 공정성을 확보할 것인가? 절차의 타당성에 관한 연구에 따르면, 모든 사람들이 참여하고 영향을 미치는 공정에서는 공정성이 대부분의 사람들에게 상당히 중요하다고 한다. 사람들은 공정한 절차 끝에 나온 결과에 대해서 환영하지는 않아도 기꺼이 받아들인다. 대부분의 사람들은 자신의 의견을 다른 사람들이 진지하게 검토해주기를 원하지만 자신의 의견이 항상 우세하지는 않다는 것을 인정한다. 이것이 정확히 조건부 합의에서 일어나는 상황이다. 스타의 한 이사는 "나는 의견을 내는 것만으로도 만족한다"라고 말했다.

공정성과는 별도로 조건부 합의는 개인 간의 대립을 막는 데 중요한 역할을 한다. 조건부 합의에서는, 대립은 자연스러운 것이므로 인간관계에 문제가 있다고 볼 수 없다. 또한 관리자가 내린 조건부 합의 결정이 조직 내에 영향을 미칠 경우 그 관리자는 조직 내에서 더 많은 영향력을 갖게 된다.

따라서 자기 의견을 관철시키려고 하는 관리자의 욕심과 실제로 합의가 타당한지 잘 살펴야 한다. 모든 사람들이 아이디어를 제시하도록 하기 위해서는 공정하고 평등한 의사결정 과정이 필요하며 의사결정 방법을 분명히 밝혀야 한다.

마지막으로 조건부 합의는 신속하다. 협의를 요구하는 과정은 끝이 없는 경향이 있으므로 시간 낭비이며 필요 없는 토론이라고 생각하는 관리자들은 실망하기 쉽다. 결국 실망한 관리자들이 서툰 대립 해결 과정에서 원인을 찾지 않고 동료들의 부족함 탓으로 책임을 전가하는 것은 놀라운 일이 아니다.

건전한 의견 대립은 성과를 높인다

상당히 많은 학술 연구에 의하면 문제에 대한 대립은 경영진 내에도 있으며 가치가 있다고 한다. 대립으로 이사들은 포괄적인 정보를 더 많이 얻으며 문제에 대해 더 깊이 이해하고 더 많은 해결책을 찾아낼 수 있다. 우리가 연구한 회사들도 바로 그러한 사실을 입증해주었는데, 문제에 대한 의견 대립이 적을수록 의사결정 과정이 빈약하다는 것이다. 지금까지 '집단사고'는 기업이나 공공기관의 주요 정책을 와해시키는 주요 원인이었다. 또한 집단사고가 반직관적으로 보이지만 문제해결을 위해 건전하게 대립하는 팀들은 결정을 더 잘 내렸으며 기동성도 높았다.

대립이 없으면 그룹들은 효율성을 잃는다. 관리자들은 뒤로 물러나서 표면적으로 조화를 이루기도 한다. 그러나 실제로 대립의 반대는 대개 합의가 아닌 적대감이나 이탈을 초래한다. 대립을 만들지 못하는 팀들은 대부분 저조한 실적을 보인다.

우리가 관찰한 회사 중에 대립의 정도가 약한 팀은 중요한 사안을 검토해야 한다는 사실을 망각하거나 자신들의 전략적 상황의 중요한 면들을 인식하지 못하는 경우가 많았다. 그들은 극단적으로 잘못된 가정에 의문을 제기하거나 다른 대안을 만들 기회를 놓쳤다. 경쟁업체들이 그들의 행동을 쉽게 예측하는 것도 전혀 놀라운 일이 아니었다.

빠르게 변모하는 시장에서는 속도를 늦추지 않고 문제에 대해 활발하고 다양하게 대립을 촉진하는 팀이 성공적으로 전략을 결정하게 된다. 그렇게 하기 위해서는 무엇보다도 개인 간의 대립을 완화시켜야 한다.

:: 효과적인 팀 구축 방안

관리자들이 더 나은 의사결정을 유도하면서 실질적으로 문제에 대해 활발하게 논의할 수 있는 방법이 있는가? 팀 내에서 건설적인 대립을 만드는 데는 다음과 같은 5가지 방법이 있다.

1. 연령, 성, 기능적인 배경, 업계 경험이 다양한 사람들로 이질적인 팀을 만들어라. 이 사회의 참석자들 모두 외모도 비슷하고 목소리도 비슷하면 생각도 비슷할 가능성이 매우 높다.
2. 정기적으로 자주 만나라. 서로 알지 못하는 팀원들은 문제에 대한 서로의 입장을 알지 못해 효율적으로 논쟁하는 능력을 상실하게 된다. 자주 만나게 되면 서로 간에 신뢰와 친숙함이 생겨 반대 의사도 스스럼없이 표현하게 된다.
3. 팀원들이 상품이나 지리적·기능적인 명확한 책임감 외에도 다른 역할을 맡을 것을 권장하라. 흠집을 잘 찾아내는 사람, 이상을 좇는 몽상가, 행동 지향적인 이사들이 모여 함께 일하면 문제를 여러 각도에서 살펴볼 수 있다.
4. 모든 문제를 다각적인 마음자세로 대하라. 경쟁자와 입장을 바꾸거나 전쟁놀이를 하는 역할 연기를 해보라. 이런 기술은 새로운 관점을 갖게 하고 문제해결에 대한 관심을 촉진시킨다.
5. 대립을 적극적으로 관리하라. 팀이 너무 빨리 또는 너무 쉽게 마지못해 동의하지 않게 하라. 적대감은 일찍 찾아내어 치료하고 동의와 대립이 없는 것을 혼동하지 말라. 합의라고 생각하는 것이 실제로는 이탈인 경우가 종종 있다.

6

숙달된
무능함을 극복하라

크리스 아지리스
Chris Argyris

대부분의 관리자들은 예의 바른 태도와 마음가짐을 자산으로 생각하며, 많은 최고경영자들은 충돌을 피하는 기술을 매우 자랑스럽게 여긴다. 논리적인 설명은 사람들을 이해시키는 데 가장 좋은 수단이다. 관리자들은 좋은 의도를 가지고 다른 사람들의 감정을 상하지 않게 하려고 노력하는데, 이 품위 있는 자산이 부채로 변해버리는 경우가 있다.

어떤 경영자들은 동료들과의 대립을 피하기 위해 많은 노력을 기울이면서도 끝내 조직에 대혼란을 초래하기도 한다. 문제는 바로 그들의 숙련된 기술에 있다. 그 기술이란 저자가 '숙달된 무능함'이라고 칭하는 것으로, 관리자들은 여기에 바탕을 두고 익숙한 행동(기술)을 사용하여 의도하지 않는 결과를 낳게 된다.

관리자들이 서로 솔직하고 정직하게 비춰지는 방법으로 이야기를 할 때 이런 일이 일어나는 것을 볼 수 있다. 관리자들이 자신의 마음을 털어놓지도 않고 다른 사람의 동기를 의심하여 중요한 내용을 꺼내놓지도 않으면 효과적인 결정을 내릴 수 없다.

의심이 깊어지고 솔직해지지 못한다면 의사소통에 어려움이 생기고 회사도 어려움에 직면하게 된다.

숙달된 무능함은 불행한 결말을 불러일으킨다. '숙달되었다'는 말은 자전거를 타거나 테니스를 칠 때처럼 아무 생각 없이 그 일을 한다는 뜻이다. '무능함'은 자전거를 타다가 넘어지는 것처럼 의도하지 않은 결과를 낳는다는 의미다. 이런 특별한 종류의 무능함이 조직에 몰고 올 막대한 피해를 피하기 위해 무능함이 얼마나 뿌리 깊이 배어 있는지, 또한 어떻게 그 무능함을 버릴 수 있는지 이해하고 있어야 한다. 크리스 아지리스는 잘못된 것을 찾아내어 버리는 첫 번째 단계로 특별히 사례연구를 추천한다.

사람들과 좋은 관계를 유지하는 능력은 개인의 자산이 된다. 당연하지 않은가? 어떤 경영자들은 동료들과의 대립을 피하기 위해 많은 노력을 기울이면서도 끝내 조직에 대혼란을 초래하기도 한다. 문제는 바로 그들의 숙련된 기술에 있다. 그 기술이란 내가 '숙달된 무능함' 이라고 칭하는 것으로, 관리자들은 여기에 바탕을 두고 익숙한 행동(기술)을 사용하여 의도하지 않는 결과를 낳게 된다. 관리자들이 서로 솔직하고 정직하게 비춰지는 방법으로 이야기를 할 때 이런 일이 일어나는 것을 볼 수 있다. 하지만 경영자들의 익숙한 행동이 조직 내에서 어떻게 제도화되어 엄청난 부작용을 초래하는지 우리는 명확하게 알지 못한다. 다음과 같은 익숙한 상황을 살펴보자.

빠르게 성장하는 한 중소기업의 CEO가 똑똑하고 헌신적이며 열심히 일하는 관리자들을 한자리에 불러 모아 새로운 전략을 수립하라고 했다. 이 회사는 매년 45퍼센트의 성장을 보였지만, 심각한 관리 위기에 빠질 것을 우려하던 CEO는 자신의 전략을 다시 살펴보기 시작했다. 그는 회사의 조직을 좀더 이성적이며 임시변통이 아닌 방법으로 일관성 있게 개편하기를 원했다. 회사는 규격품을 판매하자는 영업 위주의 사람들과 전문가들을 대상으로 고객 서비스를 하자는 사람들로 나누어졌다.

두 그룹은 서로 다른 그룹을 의심했다. CEO는 직원들이 힘을 합하여 회사의 미래를 결정하기를 원했다.

CEO 바로 아래에 있는 경영진들은 회사가 비전을 만들고 어떤 전략적인 결정을 내려야 한다고 입을 모았다. 이를 위해 그들은 여러 번 마라톤 회의를 열었다. 회의는 즐거웠고 아무도 서로에게 피해를 주지 않는 것처럼 보였지만 그들은 어떤 합의나 결정을 내리지못했다. "문제점 목록만 작성하고 아무 결정도 못 내리고 끝났다"라고 한 부사장이 말했다. 다른 부사장은 "회의할 때마다 이렇게 끝난다면 상당히 실망스러울 것이다"라고 덧붙였다. 또 다른 부사장은 크게 걱정하며 "우리가 실망했다고 생각한다면 우리가 계속 실패하는 것을 보는 우리 직원들은 어떻게 생각하겠는가?"라고 말했다.

이 사람들은 높은 위치에 있고 서로 존중하고 아주 헌신적이며 비전 개발과 전략이 중요하다고 동의하는 경영진들이다. 그러나 그들은 만날 때마다 비전과 전략을 만들지 못했다. 도대체 어떻게 된 일인가? 이 경영진들이 정말 그렇게 무능한가? 그렇다면 그 이유는 무엇일까?

새로운 전략을 세우지 못하는 이유

앞의 사례에 나오는 경영진들은 믿을 만한 재무 데이터가 없기 때문에 훌륭한 전략계획을 수립할 수 없다고 생각했다. 그래서 재무 담당 부사장에게 데이터를 다시 정리하여 제출해달라고 요구했다. 재무 담당 부사장이 데이터를 제시하자 그 일을 잘 처리했다고 모든 사람들이 인정했다.

그런데 재무 담당 부사장은 의외로 나에게 이렇게 보고했다. "우리의 문제는 재무 데이터가 없어서가 아니다. 데이터는 얼마든지 제공할 수 있다. 우리는 어떤 회사가 되기를 원하는지에 대한 비전과 전략이 없다. 비전과 전략을 만들기만 하면 나는 얼마든지 필요한 데이터를 제공할 수 있다."

아무 소득 없이 몇 번의 회의를 거친 후에 또 다른 이유가 대두되었다. 이번에는 경영진 각자의 성격과 서로 일하는 방법과 관련이 있었다. CEO가 "우리 경영진들은 매우 자아가 강한 사람들로 구성되어 있다. 경영진들은 경쟁심이 있고 명석하고 솔직하며 헌신적이다. 그런데 우리는 만날 때마다 제자리걸음만 하고 서로 양보하여 타협을 이루지 못한다"라고 말했다.

그럴듯한 설명인가? 관리자들이 덜 경쟁적이어야 하는가? 이에 대해 나는 반드시 그래야 한다고 확신하지 않는다. 어떤 경영진은 자아가 약하고 경쟁적이지 않아서 문제해결 능력과 의사결정 능력이 떨어진다.

성격이 정말 문제라면 심리요법 치료를 받아야 한다. 그러나 더 능력 있는 경영자가 되기 위해 소파에 누워 몇 년을 보내야 한다는 것은 옳지 않은 일이다. 게다가 성격이 문제라고 지적하는 이면에는 진짜 범인이 숨어 있다.

범인은 숙련된 기술이다

반대 결과를 초래하는 행동도 자연스럽고 판에 박힌 것인지 질문하면서 시작해보자. 모든 사람들이 진지하게 행동하는 것 같은가? 관리자들이 조직에 해를 끼칠 만큼 속임수를 쓰거나 정치적이지 않은데도 일이 잘못되어 가고 있는가? 앞의 경영진들에 대한 이 질문의 답은 '그렇다' 이다. 그들의 동기는 바람직했고 각자 최선을 다했다. 그들의 행동은 자발적이었고 자연 발생적이었다. 그들은 주도면밀하게 행동했고 의사소통에 능숙한 사람들이었다.

그런데 어떻게 이런 숙달된 행동들이 반대 결과를 초래할 수 있는가? 숙련되었다면 일반적으로 의도한 대로 결과를 만들어낼 수 있다. 그런 면에서 이 경영진들도 그렇게 했다. 앞의 사례에서 자발적이며 자연 발생적인 숙달된 행동으로 그들은 싸움이나 분쟁을 피할 수 있었다. 그런데 의도하지 않던 부산물이 문제를 일으켰다. 경영진들은 자신들이 실제로 의도하는 바를 말하지 않았고 자신들이 실제로 지니고 있는 가정들을 테스트하지 않았기 때문에, 그들의 기술이 전략 개발에 절실히 필요한 주요 문제들을 해결하는 데 방해가 되었다.

이런 유형의 실패는 이런 관리자 그룹에서 항상 일어날 뿐만 아니라 나이, 성별, 교육 수준, 재산, 지위를 막론하고 모든 조직에 속한 사람들에게 일어난다. 높은 문화 수준을 가지고 있는 또 하나의 조직을 살펴보자. 여기서 우선 분쟁과 어려운 문제를 피하려는 경향이 어떻게 제도화되어 직설적인 말은 견디지 못하는 문화로 발전하게 되었는지 살펴보기로 한다.

분권화와 혼란스러운 의사소통

분권화된 대기업의 고위경영진들은 일부 사업본부장들의 근황을 파악하는 데 어려움을 겪고 있었다. CEO가 정보를 요청하는 메모를 거듭

해서 본부장들에게 보냈지만 여전히 아무 소식도 보내오지 않았다. 그러나 본사의 다른 사람들은 이런 상황을 정상적으로 받아들였다. 왜 그렇게 사업본부의 책임자들과 직접 의사소통을 하지 않는지 묻자, 본사 직원들은 "여기에서 일하는 방법이 그렇다"라고 대답할 뿐이었다.

의사소통을 하지 않는 조직은 자신들의 조직을 보호하기 위해 고의로 의사소통을 하지 않는다. 어떻게 이런 상황이 되었는지 살펴보기로 하자.

분권화는 자율과 통제 사이의 오랜 줄다리기 끝에 얻어낸 것이다. 윗사람들은 예기치 않은 일은 원하지 않으며 아랫사람들은 혼자 내버려두기를 바란다. 아랫사람들은 자율경영을 추진했고, 자신들을 그냥 내버려둔 채 멀리 떨어져서 믿어달라고 주장했다.

한편 윗사람들은 정보 시스템을 통해 계속 통제하려고 애를 썼다. 아랫사람들은 이런 통제 수단은 윗사람들이 자신들을 불신하는 증거라고 생각했다.

내가 관찰한 많은 경영자들은 이런 긴장이 존재하지 않는 것처럼 행동한다. 경영자들은 모든 사람들이 화합하는 것처럼 행동하고 의견 차이를 보이는 사람이 없으므로 문제가 생기지 않는다고 믿었다. 그러나 그와 동시에 긴장감을 느끼고 있었고 말을 자제했다.

그들은 여러 의미가 담긴 메시지를 보냈다(이 글의 마지막에 있는 '혼란을 주는 메시지 4단계' 참조). 이 CEO는 사업본부장들에게 계속 "여러분들이 맡은 일은 여러분이 해야 합니다"라고 말했다. 사업본부장들은 자신의 패기를 보여주고 싶었기에 긴급한 문제가 발생하기 전까지는 CEO의 말을 믿었다. 긴급한 문제가 생기자 CEO는 상황이 염려되어 사장들에게 혁신적이 되라고 한 말을 까맣게 잊어버리고 전화를 걸고 메모를 보내어 정보를 요구했다.

규칙에 따라 행동할수록 문제만 악화된다

사람들이 낭패에 대처하는 가장 강력한 방법은 '조직적 방어 관례'를 구축하는 것이다. 나는 이것을 기습이나 낭패, 위협을 피하기 위해 고안한 행동이라고 정의한다. 그런데 사람들은 정보 수집을 방해하여 조직이 잠재적인 문제를 조사하거나 제거하려는 것을 막는다.

방어 관례는 조직적이어서 회사 내의 대부분의 사람들이 여기에 집착한다. 많은 사람들이 조직을 떠나고 새로운 사람이 들어오지만 방어 관례는 변함없이 건재하다.

방어 관례의 충격과 그 영향력을 알기 위해서는 혼란스러운 메시지에 따라 움직이는 사업본부장들을 다시 살펴보아야 한다. 그들은 본부장을 신뢰하지 못하고 본부장의 의도에 의심을 품지만 이런 혼란스러운 메시지를 역이용하여 자기 길을 찾아낸다. 따라서 메시지를 자신들과 부하직원들에게 '설명'한다. 그런 설명은 다음과 같은 경우가 종종 있다.

- 회사는 실제로 절대 분권화를 원하지 않는다.
- 사업이 잘 풀리고 모든 일이 수월하게 진행되면 회사는 부서들을 신뢰하지만, 위기를 맞게 되면 신뢰하지 않는다.
- 회사는 우리보다는 증권시장에 더 관심이 많다.

물론 관리자들은 회사에 대한 이런 억측들을 고위경영진에게 거의 확인하지는 않는다. 혼란스러운 메시지에 대해 자신들끼리 언급하는 것도 마음이 편치 않은데, 이런 설명이 타당한지 공개적으로 알아본다는 것은 더욱 어려운 일이다.

부서장들은 이중으로 어려움을 겪게 된다. 본사의 의도를 의심하지 않고 갈 길을 간다면 자치권을 잃게 되고, 부하직원들로부터 회사에 영향력이 거의 없는 사람이라는 눈총을 받게 될 것이다. 또한 부서장들이 위에서 내려오는 명령에 따르지 않는다면 본사로부터 반항아 취급을 받게 되며 계속 불복종할 경우 불충하다는 평을 듣게 될 것이다.

고위경영자들도 비슷한 곤경에 처해 있다. 부서장들이 본사의 의도에 대해 의심을 품으면 최고경영자들은 그 의심을 눈치 챈다. 그러나 본사의 의도를 솔직히 털어놓는다면 부서장들은 분노할지도 모른다. 고위경영자들이 아무 말도 하지 않는다면 아무것도 합의되지 않았지만 부서장들은 합의 내용을 추론할 수 있다. 대개 좋은 관계를 유지한다는 명목 하에 고위경영진들은 이런 곤경을 숨긴다.

곧 부서에서 근무하는 사람들은 더 많은 설명을 하면서 이중적인 속박 속에서 사는 법을 배우게 된다. 예를 들어, 공개는 최고경영자들이 영향을 받고 싶지 않은 마음을 숨기려는 의도에서 만든 전략이라고 부서장들은 결론을 내린다.

이런 결론은 고위경영진들이 진심을 숨긴다는 가정에 기반을 두고 있기 때문에 부서장들도 테스트를 하려 하지 않는다. 본사나 부서 관리자들 모두 직권이나 욕구 불만에 대해 논의하거나 해결하지 않기 때문에 결국 양측 모두 정기적 또는 공개적으로 의사소통하는 것을 중단할 수 있다. 불신하는 분위기가 팽배해지면 문제를 논의하기는 더욱 어렵게 된다.

본사와 부서 관리자들은 혼자 실천하고 혼자 승인하는 태도와 가정에 익숙해 있다. 이런 상황에서 상사와 부하가 서로 좋으면서도 나쁜 감정을 갖고 있다는 사실은 놀라운 일이 아니다. "그 사람들은 똑똑하고 의욕도 있지만 안목이 좁고 편협하다" 또는 "그 사람들은 회사의 재무 건전도에 관심을 가지고 있지만 결국 자신들이 회사의 이익에 어떻게 피해를 주고 있는지 이해하지 않는다" "그 사람들은 사람에 관심이 있지만 회사 발전에는 눈곱만큼도 관심이 없다"라고 비난할 수 있다.

내 경험에 비추어볼 때 사람들은 우선 상대방에 대한 의식을 극복하지 못하면 상대방을 인정하지 않는다. 그러나 싫어하는 것을 극복하면 그것에 대해 논의할 능력이 생긴다. 또한 이 필수 요건은 조직적 방어 관례에 포함되어 있는 불논의성을 위반한다.

이런 방해물과 문제가 없는 조직이 과연 존재하는가? 어떤 사람들은 기본으로 돌아가면 의사소통의 길이 열린다고 제안한다. 하지만 이 만병통치약도 효능이 그리 오래가지는 않는다. 근본적인 문제를 다루지 않기 때문이다. 단순히 개별적인 문제를 해결한다고 해서 문제가 해결되는 것은 아니다.

내가 관찰한 CEO들 중에는 솔직함을 가로막는 조직의 장애물과 전쟁을 선언하고 기본으로 돌아가자고 말하면서 대부분 낡은 기술로 새로운 아이디어를 실시하려고 하는 사람들이 종종 있다.

사람들은 겉으로는 무엇이든 변화시켰지만 자신의 약점을 한층 더 교묘하게 숨기는 법을 배웠다. 자기 마음대로 질문하고 사람들과 맞설 수 있는 자유는 대단히 중요하지만 적절하지는 않다. 숙달된 무능함을 극복하려면 새로운 기술을 배워야 한다. 다시 말해 질문을 넘어서는 질문을 할 필요가 있다.

방어 관례가 존재한다. 방어 관례는 은밀하게 확산되고 커지고 있다. 또한 사회적인 오염은 어떤 것이 불거져 나올 때까지는 확인하기조차 힘들다. 어떤 것은 명백한 잘못으로 그 결과는 숨길 수도 없다. 우주 왕복선 폭발 사고가 좋은 예이다. 사고가 일어난 뒤에야 결정 과정에서 사용했던 방어 관례와 혼합된 메시지가 드러났다. 폭발 사고가 일어나면서 외부인들이 내부인들에게 논의할 수 없는 내용도 논의하자고 요구하게 되었다. (어쨌든 엄격한 통제를 문서화하고 더 나은 의사소통을 요구한다고 해도 문제를 해결하지는 못한다. 챌린저 폭발 사고 조사를 맡았던 대통령위원회의 의장인 윌리엄 로저스는 통제가 엄격해지면 규칙만 늘어나게 되어 문제보다 더 복잡한 정책이 될 수 있다고 주장했다. 규칙에 따라 행동할수록 문제만 악화된다는 것이다.)

관리자들은 조직의 문제를 무시할 선택권이 없다. 지금 당장은 덮어둘 수 있어도 결국은 후임자에게 그 문제를 떠넘기게 된다.

익숙함에서 벗어나라

이 글의 서두에서 언급한 고위경영진들은 회의에서 만든 방어를 점검하면서 새로운 기술을 배우기로 결정했다.

먼저 고위경영진들은 사전에 짧은 사례를 작성해놓고 사무실이 아닌 다른 곳에서 이틀간 회의를 준비했다. 사례들의 목적은 2가지였다. 첫째, 고위경영진들이 중요하다고 생각하는 여러 문제들을 개진하는 데 있었다. 고위경영진들 중 적어도 절반은 상품과 소비자 서비스 사이의 충돌에 관련된 문제를 적었다. 둘째, 사례를 통해 경영진들이 사용했던 대표적인 규칙과 관례를 살펴보는 데 있었다. 사례들의 형태는 다음과 같다.

- 조직의 주요 문제를 한 문단으로 요약하여 적는다.
- 문제를 논의할 때 자신이 원하는 어떤 사람에게도 말할 수 있다. 한 문단 정

도로 회의에서 사용할 전략을 적는다.

- 한 페이지를 둘로 나눈다. 오른편에는 어떻게 회의를 시작할지와 어떤 말을 할지를 적는다. 또한 다른 사람들의 예상 발언과 거기에 대한 자신의 예상 답변을 적는다. 이런 회의 대본을 더블 스페이스 넓이로 타이핑한다.
- 왼편에는 절대 말하지 않을 자신의 아이디어나 감정을 적는다.

고위경영진들은 이러한 사례를 적는 데 몰두하게 되었다고 밝혔다. 어떤 경영자는 사례를 적으면서 눈을 뜨게 되었다고 말했다. 나아가 모든 사람들이 쓴 시나리오를 돌리자 재미있는 반응이 나왔다. 모든 사람들이 즐거워했다. "대단해, 조. 앞으로도 계속 이걸 합시다" "이런, 잘 아는 것도 있네" "전부 영업사원이고 듣는 사람은 없네" "이런, 이건 우리잖아."

사례를 이용하면 어떤 장점이 있는가? 경영자들 자신이 직접 만들고 쓴 사례들은 숙달된 무능함을 생생하게 드러냈다. 경영자들은 다른 사람이 화를 내지 않게 만들면서 마음을 바꾸게 하는 기술을 찾아냈다. 또한 사례들은 경영자들의 무능함을 여실히 보여주었다. 자가 분석을 통해 자신이 다른 사람을 화나게 하고 의심하게 만들기 때문에 자신의 견해가 제대로 받아들여지지 않았다는 사실을 알게 되었다.

이런 사례는 여러 방법들을 배우는 데 아주 중요하다. 회의 도중 눈 깜짝할 사이에 일어나는 행동을 자제하여 생각하고 바꾸기는 매우 어렵다. 서로의 행동에 주의를 하면서 동시에 실제 문제에 관심을 갖는 것 역시 힘들다.

'소비자 서비스 중심 사례'라는 이 표에는 몇 가지 사례가 있다. 이 사례는 회사가 소비자 서비스에 더 치중해야 한다고 생각하는 경영자가 작성한 것이다. 상품 전략을 지지하는 개인들이 쓴 사례들도 크게 다르지

표 6-1 소비자 서비스 중심 사례

생각과 느낌	실제 대화
그 사람은 이 주제를 좋아하지 않겠지만 우리는 논의해야 한다. 그 사람이 회사 입장을 지지할지는 알 수 없으나, 나는 긍정적으로 행동해야 한다.	나 : 빌, 안녕하세요. 소비자 서비스와 생산 문제의 갈등에 대해 당신과 이야기하게 되어 기쁩니다. 회사의 이익을 최대화하는 관점에서 당신 역시 함께 이 문제를 해결하고 싶어 한다고 믿습니다. 빌 : 잘 아시다시피 저도 이 문제에 대해 꼭 이야기해보고 싶었습니다.
천천히 진행하는 편이 좋다. 서두르지 말자.	나 : 소비자 서비스를 요청하고 재고품을 거절하는 고객들이 점점 늘어나는 상황입니다. 영업사원들의 역할이 점점 줄어들까 봐 걱정입니다. 빌 : 무슨 말인지 모르겠습니다. 자세히 설명을 해주십시오.
이런 이해를 못 하다니! 더 부드럽게 대할 수 있는 방법이 없을까.	나 : 빌, 당신이 변화를 잘 알고 있다고 생각했는데요(내가 설명한다). 빌 : 아닙니다. 제 생각은 다릅니다. 영업사원들이 앞으로도 중요한 역할을 할 것으로 봅니다.
회사 간부가 아닌 영업사원의 입장에서 생각하자.	나 : 좋습니다. 좀더 같이 살펴봅시다.

않았다. 양측 모두 동료 간부들을 설득하거나 납득시키려고 노력했다. 그들이 작성한 왼쪽 난의 내용도 비슷했다. 왼쪽 난을 분석해본 결과 경영자들은 어려운 상황에 대한 책임을 상대방에게 돌리고 있다는 것을 발견했다. 예를 들어, 이렇게 서로 목소리를 높인다.

- 자기 입장만 계속 주장한다면 내가 애써 높여놓은 사기에 지장을 주게 된다.
- 그렇게 말하지 말라. 내가 어떤 생각을 하는지 알지 않느냐?
- 자기 입장을 접어두고 회사 편에 서서 생각을 해보라.
- 그 사람들이 어떻게 생각하는지 생각해보면 화가 난다.
- 정말 열심히 노력하고 있지만 이걸 생각하면 희망이 없다.

이런 사례들은 숙달된 무능함에서 비롯된 것이다. 사례들을 만들면서 경영자들은 다른 사람들의 심기를 불편하게 하지 않으려고 애를 썼다. 이런 과정에는 기술이 필요하다. 그러나 사례에서 사용한 경영자들의 기술은 앞에서 언급했던 '의도하지 않은 부작용'을 가져온다. 사례에서 상대방은 화가 나게 되고 마음을 바꾸지 않고 오히려 이전 입장을 고수하게 되었다.

여기에 진정한 문제가 있다. 이 경영자들과 지금까지 내가 연구했던 경영자들은 새로운 기술을 배우지 않을 경우 반대되는 결과를 초래하고 말았다. 이 사례에서 비즈니스 전략 개발과 같은 비즈니스 문제들에 치중하더라도 숙달된 무능력을 회피하지는 못한다.

해답은 버리는 데 있다

결정적인 해결책은 경영자들이 자기 사례를 어떻게 다루었는지 검토하는 것으로 시작된다. 이틀 동안의 세미나에서 각 관리자들은 자신이 다시 만들고 싶은 에피소드를 선택하여 나쁜 결과가 나오지 않도록 만든다.

자기 사례를 재검토하면서 관리자들은 일의 처리 속도를 늦추어야 했다는 사실을 알게 되었다. 관리자들은 순식간에 새로운 대화를 시작할 수 없었다. 그들은 새로운 것을 배우는 데 너무 조급해했다. 새로운 기술을 배우기 위해서는 속도를 늦추어야 한다는 사실을 계속 염두에 두어야 했다.

각 관리자들은 다른 관리자들의 사례를 가지고 에피소드를 쓴 사람에게 도움이 될 수 있는 새로운 대화를 만들었다. 약 5분 뒤에 수정된 에피소드를 원작자에게 보여주었다. 이 수정판을 놓고 토의하는 과정에서 원작자는 자신의 말을 다시 고치는 법을 배우게 되었다. 또한 자신의 제안과 만드는 방법에서 잘못된 부분을 깨닫게 되었다.

대화는 건설적이고 협조적이었으며, 다음과 같은 전형적인 논평들이
나왔다.

- 나를 설득하려면 조가 말한 방법으로 해보시오.
- 의도가 좋다는 걸 알겠지만 말이 화나게 만듭니다.
- 무슨 말을 하려는지 이해하지만 나한테는 소용없습니다. 이 방법으로 해보
  시는 게 어때요?
- 새로 쓴 말에 지난 메시지가 얼마나 많은지 놀랐습니다. 시간 좀 걸리겠어요.

연습이 중요하다. 대부분의 사람들에게 숙달된 무능함을 극복하는 데
는 테니스 초보자만큼이나 연습이 필요하다. 관리자들이 변하기로 결심
한다면 경영자들은 실제 회의에서 자신의 행동을 돌아보고 바로잡을 시
간을 떼어놓으면서 연습을 할 수 있다.

그러나 조직에 혼란을 주지 않고 숙달된 무능함을 버릴 수 있는가? 경
영자들은 먼저 해결하려는 조직의 문제를 감싸고 있는 방어 관례를 확실
히 파악해야 한다. 한 가지 방법은 그들이 회의하는 모습을 지켜보는 것
이다. 예를 들어, 조직이 분산된 대기업의 임원들과 스태프들이 회의를
하는 동안 CEO는 관리자들과 직원들이 효율적으로 일하는 데 왜 문제가
있는지 질문했다. 그들은 4가지 원인을 밝혀냈다.

- 회사의 경영 철학과 정책이 적절하지 못하다.
- 회사 스태프의 역할이 중복되어 혼란스럽다.
- 관리자들에 대한 스태프들의 권한이 분명하지 않다.
- 스태프들은 임원들과 적절하지 못한 접촉을 하고 있다.

이 CEO는 두 개의 전담팀을 만들어 해결책을 찾으라고 지시했다. 몇 개월 뒤, 전체 그룹이 만나 모든 사람들이 받아들일 수 있는 해결책을 만들었다.

이 이야기에서 강조하고 싶은 2가지 특징이 있다. 첫째. 스태프들의 문제는 전형적인 것이다. 둘째, 이 이야기는 해피엔딩으로, 회사가 문제의 근본 원인을 찾아 해결했다. 그러나 조직적 방어 관례에 도달하기 위해서는 반드시 답해야 하는 문제가 있다. 왜 조직의 간부들이 처음에는 적절하지 못한 정책들과 혼란스러운 역할들을 고수하고 실행하며 유지했는가?

방어 관례는 경영자들이 솔직한 결정을 내리는 데 방해가 된다. 의사소통에 숙달된 관리자들은 실제 문제를 숨기는 데도 익숙하다. 방어 관례를 줄이기 위해 최선을 다하지 않는다면 방어 관례는 다시 활발해져 이 해결책을 약화시키고 다른 대립을 숨기게 될 것이다.

: : 혼란을 주는 메시지 4단계

어떻게 관리자가 모호한 메시지를 보내게 되는가? 여기에는 기술이 필요하다. 이에 관련된 4가지 규칙을 제시한다.

1. 모호한 메시지를 만들어라. 예를 들어, "혁신하고 싶다면 위험을 감수하라. 그러나 조심하라"는 메시지는 얼마만큼 가야 하는지 자세히 말하지 않고 "가라. 하지만 지금까지 간 것만큼만 가라"는 말과 사실상 다를 바가 없다. 모호하고 정확하지 않은 이 말은 거리가 어느 정도인지 미리 알지 못하는 발신자를 숨겨준다. 한편 말을 듣는 수신자는 이 모호성과 부정확함을 분명히 이해한다. 나아가 좀더 정확하게 해달라고 요구한다면 미숙하고 경험이 없다는 표시로 받아들여질 수도 있다. 또한 수신자도 어느 날 핑계가 필요할 수 있으므로 메시지를 부정확하고 모호하게 두고 싶어 할 수 있다. 수신자는 발신자보다 '멀리'를 정확하게 표현하기를 원하지 않는다.

2. 모순된 메시지를 무시하라. 혼란스런 메시지를 보낼 때 사람들은 대개 메시지가 혼란스럽다는 표시를 하지 않고 무의식적으로 그렇게 한다. 실제로 사람들이 망설이는 듯하면 상대방을 통제하려는 뜻을 이루지 못하고, 오히려 약하게 보인다.

3. 토론할 수 없는 메시지는 모호하고 모순되게 만들어라. 혼란스러운 메시지를 보내는 주요 목적은 어떤 상황과 직접 부딪히는 것을 피하기 위해서다. 발신자는 메시지가 혼란스럽다는 사실이 드러나기를 원치 않는다. 한 경영자가 혼란스러운 메시지를 보내기 전에 "내 메시지가 일관성이 없고 모호하다고 생각하는가?"라고 물었다. 이 경영자는 메시지를 보내는 방법만으로도 메시지를 논의할 수 없는 상태로 만든다.

4. 토론할 수 있는 것도 토론할 수 없도록 만들어라. 가장 좋은 방법은 조직 내 지위가 다른 사람들이 함께 참여하는 대형 회의나 단체를 만든 후, 공개 질문을 하지 못하는 상황에서 혼란스러운 메시지를 보내는 것이다. 대중들 앞에서 잘못을 바로잡으려는 사람은 아무도 없다. 회의 중 혼란스러운 메시지를 보내면 사람들은 다른 생각을 하게 된다.

7

숨어 있는
메시지를 파악하라

마이클 맥카스키
Michael B. McCaskey

한 조직의 관리자가 '앤드 런(end run: 미식축구에서 공을 가진 선수가 아군 방어진의 측면을 돌아 후방으로 나가는 플레이로 여기서는 교묘하게 피하는 행동을 지칭한다)'을 하자고 말을 한다면 대체 무슨 의미를 갖는 것인가? 그 관리자는 조직 생활을 게임으로 보고 있는 것인가? 그는 조직 생활을 모험으로 보며 자신을 영웅으로 생각하고 있는 것인가? 또는 단지 자신도 프로젝트와 끝까지 함께하겠다고 말하는 것인가?

보통 관리자들은 엄청나게 많은 시간을 회의에 투자하고 사람들과 대화하는 데 할애한다. 그들이 사용하는 이미지, 배경, 몸짓은 의사소통의 일부분이지만, 단지 의사소통의 부속물은 아니다. 이것들은 메시지를 담고 있으며, 어떤 경우에는 그 자체가 메시지이기도 하다. 따라서 이것들은 관리자들에게 매우 중요하다. 어떤 것을 이야기하려는지 알아내는 것도 관리자의 몫이기 때문이다. 문제는 관리자들이 이러한 것들에 그다지 관심을 보이지 않으며, 심한 경우 자신들은 그런 분야에 대한 재주가 없다고 생각한다는 데 있다. 그런데 사실 우리는 인식하든 인식하지 않든 이미지, 배경, 몸짓을 의사소통의 수단으로 사용하고 있다.

이 글의 저자 마이클 맥카스키는 관리자가 자신에 대한 메시지를 전달하는 방법과 관리자들이 세상을 보는 방법을 설명하고 있다. 저자는 관리자들의 말에 동반되는 은유, 사무실 상황, 보디랭귀지와 같은 것들을 의사소통의 도구로 보아야 한다고 말한다.

연설이나 수학처럼 배울 수 있는 언어들이 있다. 이런 기술을 갖춘 관리자들은 다른 사람들이 말할 때 실제로 무엇이 진행되고 있는지, 또 어떤 숨은 메시지를 보내고 있는지 알 수 있거나 들을 수 있다. 저자는 우리가 다른 사람들의 말을 이해하기 위해 무엇을 보고 무엇을 들어야 할지 알려주고 있다. 모든 메시지는 문맥 안에서 이해해야 한다.

보통 관리자들은 엄청나게 많은 시간을 회의에 투자하고 사람들과 대화하는 데 할애한다. 그들이 사용하는 이미지, 배경, 몸짓은 의사소통의 일부분이지만, 단지 의사소통의 부속물은 아니다. 이것들은 메시지를 담고 있으며, 어떤 경우에는 그 자체가 메시지이기도 하다. 따라서 이것들은 관리자들에게 매우 중요하다. 어떤 것을 이야기하려는지 알아내는 것도 관리자의 몫이기 때문이다. 문제는 관리자들이 이러한 것들에 그다지 관심을 보이지 않으며, 심한 경우 자신들은 그런 분야에 대한 재주가 없다고 생각한다는 데 있다. 그런데 사실 우리는 인식하든 인식하지 않든 이미지, 배경, 몸짓을 의사소통의 수단으로 사용하고 있다.

수학, 프랑스어, 회계학처럼 이미지, 배경, 몸짓 같은 언어들은 배울 수 있다. 예를 들어, 꾸준히 학습을 하면 물리적인 환경이 영향을 미치는 상징, 지역적 특성, 행동을 이해할 수 있다. 이미지, 배경, 몸짓은 분명한 정보를 주는 것은 아니지만 다른 메신저 채널로는 알 수 없는 것을 관리자에게 제공한다.

이런 언어에 대한 기술을 갖고 있는 관리자는 문제에 대한 본능과 좋은 '느낌'을 개발할 수 있어 문제의 미묘한 부분까지 감지하게 된다.

관리자들이 매일 이런 특징들에 관심을 깊이 갖는다면 의사소통에 대한 생각이 달라질 것이다. 이 글에서 나는 이런 언어들을 이해하고 실행하기 위한 몇 가지 아이디어를 제시하고, 스스로 배울 수 있는 올바른 방향을 독자들에게 제공하려고 한다.

말 속에 숨은 메시지를 이해하라

뉴욕의 큰 은행에서 일하는 고참 부사장은 얼마 전에 함께 일한 그룹에 대해 이렇게 이야기했다.

"새장을 여니 모든 사람들이 새로운 횃대에 앉아 있다. 그 안에서 사람들은 항상 움직인다. 사람들은 휙휙 소리를 내며 매우 빨리 움직인다! 새장이 무너지기 전에 나는 내려왔다."

이 이미지는 매우 시각적이며, 이 부사장과 그가 살고 있는 세상에 대해 많은 이야기를 하고 있다. 그의 말을 더 들어보면, 그는 자신을 기업가로 생각하며 은행의 다른 경영자들은 옷을 잘 차려입고 좋은 학교를 나왔지만 그 속에는 불타는 열정이 없다고 생각한다. '그들'은 전부(개인이 아닌 집단으로만 여긴다) '새들'이다. 이 말에는 그들은 예쁘게 새장에 들어앉아 있고 너무 연약하다고 판단하는 그의 생각이 담겨 있다. 본래의 자신의 모습대로 기업가로 활발하게 행동할 수 있는 은행의 다른 부서로 옮겼을 때 그가 안도하는 것을 사람들은 느낄 수 있었다.

다른 사람들이 사용하는 단어를 주의 깊게 살펴보면 대부분의 사람들이 자기와 자기 주변 세계의 특징을 말로 표현하고 있음을 알게 된다. 한 사람이 자주 사용하는 이미지와 은유는 그가 살고 있는 세계를 이해하는 단초가 된다. 다음에 인용한 말들은 스포츠, 종교, 문학에 대한 개인적인 관심이나 배경에서 비롯된 것이다. 이미지는 가치 있는 것과 두려워하는 것, 말하는 사람의 행동 규칙을 드러내준다.

이미지에 대한 다음 예들을 살펴보자.

- 그것은 협주곡 같다. 모든 사람이 연주할 각기 다른 파트가 있다.
- 여기서 우리는 번트를 쳐야 한다.
- 나는 영원히 기다릴 준비가 되어 있다.
- 한마디만 더 나를 욕했다면 나는 폭발했을지도 모른다.

은유를 반복해서 사용하는 사람은 조직 생활을 게임으로 보거나 결과에 대해 숙명론적인 사고를 하는 사람이라고 할 수 있다. 은유에는 비관적이거나 낙관적인 견해는 물론 혼란스러운 견해까지 반영된다. 자신이 사용하는 은유를 생각해보라. 은유가 세속적인가, 시적인가, 폭력적인가? 문맥 안에 놓고 볼 때 은유에 사용된 말은 말하는 사람의 기분이나 무엇을 중시하는지에 대한 실마리가 된다.

관리자의 언어 환경에서 또 하나 중요한 것은 상징이다. 상징의 의미는 그것을 사용하는 사람에 따라 천차만별이다. 상징은 매우 분명해 보이기도 하면서 동시에 우리의 일상적인 행동에서의 가정과 모순되기도 하는 등 까다롭다.

말을 실재로 여기는 관리자들과 이야기를 나눈 적이 있다. 그들은 다른 사람과 의사소통하는 것을, 실재를 논리적으로 배열하는 과정으로 본다. 그들은 설득하기 위해 말을 바르게 정렬하고 사고를 논리적으로 배열하는 데 최선을 다한다.

하지만 두 사람 사이의 의사소통에서 상당 부분은 감정과 느낌을 내재하고 있다. 이런 감정들은 개인들마다 다른 경험을 의미하는 말에 연결된다. 일반적인 대화에서 양쪽 모두 서로 다른 경험에는 관심을 갖지 않기 때문에 말 뒤에 숨어 있는 다른 의미에는 무관심하다. 우리는 '리더' '좋은 보고' '실행 가능한 대안' '실행할 수 있는 해결책'을 말할 때 같은 대상을 가리킨다고 가정하지만 대부분 그렇지 않다.

두 관리자 사이의 오해를 살펴볼 때 의사소통이 어려워지는 이유는 두 사람 모두 자신들이 사용하는 말이 같은 대상을 의미한다고 가정하는 데 있다. 소비재 상품을 생산하는 대기업의 마케팅 부사장과 부장이 관리자들을 위한 팀 경영 방식을 가르치는 초기 단계에서 일어난 일이다. 회의 도중 마케팅 부사장이 "누가 버스를 운전하고 있나요?"라고 물었다. 그는 아무도 하지 않고 있다는 의미였다. 이 말은 '비즈니스business'라는 단어에서 '버스bus'를 착안하여 '운전하다'라는 의미를 이끌어낸 말로, 경험에 바탕을 둔 명확한 은유였다. 그런데 이 명확해 보이는 질문이 열띤 논쟁에 불을 붙였다. 부장은 마케팅 부사장이 책임자가 없어 불안해한다는 말로 이해했다. 팀 경영의 시각에서 말했던 부사장의 생각과는 전혀 다른 해석이었다.

의사소통에 문제가 생기는 이유는 말을 사용하는 상대방의 개인적인 특징을 인식하지 못하기 때문이다. 프리츠 로즈리스버그는 "결국 우리는 차이를 보지 못한다. 따라서 차이가 있음에도 불구하고 우리 경험을 비슷한 뜻으로 해석한다"라고 말했다.

차이점이 있다는 것을 전제로 하고 다음 대화를 살펴보자. 3가지의 다른 언어 환경을 인식할 수 있을 것이다.

- 상대방이 구체적인 말을 쓰는가, 추상적인 말을 쓰는가? 각기 다른 추상적인 개념을 사용하는 사람들도 많다. 어떤 사람은 생생하고 구체적인 표현을 즐겨 사용하지만, 어떤 사람은 '–이즘ism'이나 '–화化'같은 상태나 조건을 나타내는 말을 좋아한다. '구체적인 말'을 잘 듣는 사람은 다소 추상적인 말을 하는 사람을 이해하지 못하며, 그 반대의 경우도 마찬가지다.
- 상대방이 농담을 많이 하는가? 농담은 간혹 일부 관리자들이 사용하는 드문 방법 가운데 하나다. 미국의 관리자들은 특별히 하기 힘든 말을 할 때 농담을 섞어 전달하는 것을 용인한다.
- 상대방이 '나' 또는 '우리'라는 말을 자주 사용하는가? 상대방이 자신을 누구와 동일시하는가? 어떤 그룹에 대해 "우리는 ~을 할 필요가 있다"라고 즐겨 말하는가? 또한 분명히 혼자 한 행동을 '우리'가 했다고 말하는 사람은 거드름을 피우는 것처럼 들릴 수 있다.

말이 지니는 감정적인 부분도 다른 모습으로 나타난다. 우주항공회사의 두 관리자는 전망이 밝은 리서치 프로젝트에 대한 자금조달 수정안을 고위경영진에게 말하는 최선의 방법을 놓고 서로 다른 의견을 보였다. 그룹 리서치 책임자는 몇 가지 '선택 메뉴를 제공'하고 싶어 했다. '메뉴'라는 말을 사용해서 그는 "결국 누구나 먹어야 한다. 문제는 무엇을 먹느냐이다"고 말했다. 반면, 프로젝트 매니저는 회사가 "고통을 참고 견뎌야 한다"고 말했다. 그는 고위경영자들이 일을 제대로 하거나(즉, 프로젝트를 위한 많은 자금을 조달하라는 의미), 아니면 그만두라고 말한 것이다. 그의 말 속에는 프로젝트가 장기간 잘 진행되기 위해 힘들거나 위험하더라도 큰 조치가 필요하다는 상황을 밝히고 있다. 이런 경우 두 관리자 모두 말 속에 감정을 드러내고 있다. 관리자들의 매우 다른 가정, 가치를 보여주며 회사의 임무와 철학에 대한 인식도 크게 다름을 드러내고 있는 것이다. 그런데 감정을 드러내는 일은 토론을 하는 데 실질적인 방해 요소로 작용한다. 관리자가 다른 사람에 대해 경멸적인 단어(예를 들어, '카사노바' '아첨꾼' '빨갱이' 등)를 사용한다면 그것은 그 사람에게 낙인을 찍는 것이다. 낙인을 찍을 때 사람은 생각을 멈추게 하거나 방해하는 말을 사용한다. 그러면 재빨리 상대방의 말을 막게 된다. 다른 사람의 뜻을 이해하려고 하는 대신 낙인을 찍는 사람은 사려 깊은 반응을 도중에 끊어 버리는 경우가 종종 있다.

낙인이 재치 있는 농담 안에 숨어 있다면 상대방은 토의 중인 문제에 대해 계속 논의하기 어렵다는 사실을 알아챌 수 있다. 두 사람이 아닌 제 3자는 이런 낙인이 어떤 목적에 의한 것인지 확인하여 문제에 대한 논의를 재개하도록 하는 중요한 역할을 할 수 있다.

관리자의 언어 환경에서 또 한 가지 중요한 측면은 질문이다. 질문이 왜 그렇게 중요한가? 질문에는 상대방이 문제를 어떤 방식으로 받아들였는지를 파악하고 암묵적인 가정에 강제로 결정을 일치시키려는 의도도 숨어 있다.

앞에서 언급한 사례에서 한 부사장은 "누가 버스를 운전할 것인가?"라고 물었다. 이미 지적했듯이 이 질문은 누군가 운전을 해야 한다는 가정을 전제로 하고 있다. 또한 누군가 뒷좌석에 앉아 운전자에게 잔소리를 한다면 승용차인 경우는 그저 좋지 않은 일이지만 뒷좌석으로 가득한 버스에서는 섬뜩한 일이 된다. 이런 2가지 가정 모두 팀 경영 개념과는 반대가 된다. 부사장의 관점에서 보면 "누가 버스를 운전할 것인가?"라는 질문은 잘못되었으며, 부사장은 이 가정에 문제점을 지적할 만큼 잘 알고 있었다.

관리자는 질문의 다른 면들에 관심을 가져야 한다. 질문은 겉으로 드러나는 모습과는 다르다. 형태심리학자인 프리츠 펄스는 환자들의 질문을 가끔 거절할 때가 있다. 그는 자신을 능력 있는 사람으로 보이기 위해 이런 방법을 사용한다. 그는 사람들이 스스로의 힘을 인정하고 할 말을 질문과 같은 형태로 숨기지 말고 직접 말하라고 한다. 또한 로즈리스버그 그는 어떤 (분명히 많은) 질문들은 너무 어리석어 대답할 가치도 없다고 지적했다.

좋은 질문인지, 적절한 때에 질문한 것인지, 대답하고 싶은 질문인지에 따라 대답을 해야 하지만 대부분 미국인들은 질문에 답을 해야 한다는 의무감을 갖고 있다. 때문에 대화 중에 자신이나 상대방이 하는 질문을 잘 살펴야 한다는 생각을 하게 된다. 많은 질문들이 실제로는 진술이다. 질문은 생각하는 것처럼 단순하지 않다.

마지막으로 사람들이 말을 통해 어떻게 자신을 드러내는지 알고 싶다면 '둘 중 하나' 또는 '같은 생각'을 찾아보라. 어떤 사람들은 토론할 때 습관적으로 다음과 같은 말을 사용한다. 무언가가 옳거나 그르다, 내 편인가 반대편인가, 이 일이 좋은가 나쁜가 하는 형태들이 그런 예이다.

정신발달 연구에서 '둘 중 하나' 또는 '같은 생각'은 청소년 발달의 초기 단계에 나타나는 특징이라고 한다. 대부분의 사람들의 삶은 다면적이므로 간단하게 2가지 범주로 구분하기 어렵다. 그러나 스트레스를 받는 상황에서는 양분론적인 사고로 돌아갈 수 있다. 어떤 것이 진짜 지팡이인지 아닌지, 또는 지팡이를 내던지는 것이 가장 옳은 반응인지를 검토하지 않고 "지팡이를 내던져라"라고 말하게 되는 것이다. 일반적으로 자신과 반대되는 그룹의 고정관념에 관해서는 복잡한 진실을 찾으려 하기보다는 더 이상 생각을 하지 않거나 고정관념을 그대로 믿어버리기 일쑤다.

158

자신이나 다른 관리자가 '둘 중 하나'를 사용하여 어떤 상황에 대해 논의하는 것을 듣게 되면 그 상황에서 양분 구조가 잘못된 해결책을 내놓고 있지 않은지 검사해보라. 양측을 통합하여 새로운 해결책을 찾을 수도 있다. 이렇게 되면 토론은 '둘 중 하나'에서 '둘 다'로 옮겨가게 된다.

말과 이미지는 사람이 선택한 말의 이면에 숨어 있는 의미, 중요한 가치, 가정, 경험에 대한 단서를 제공한다. 이제는 물리적인 배경, 즉 장소가 두 사람의 의사소통에 어떤 영향을 끼치는지 알아보려고 한다.

장소에도 숨은 뜻이 있다

어떤 사람이든 다른 사람과 어떤 상호작용을 원하는가에 따라 물리적인 공간을 전혀 다른 방법으로 사용한다. 그러나 장소에 대한 메시지를 보내는 사람이나 받는 사람 모두 어떤 것이 전달되고 있는지 알지 못하는 경우도 발생한다. 신중한 관리자는 상대방이 사용하는 장소를 통해 그 사람이 무슨 말을 하고 있는지 더 자세히 파악할 수 있다. 관리자들은 물리적인 배경을 배치하는 방법이 자신들의 목적에 맞는 방법으로 행동에 영향을 미치는지 알기 위해 자신들의 물리적인 배경을 검토해볼 수도 있다.

장소에 대해 우리는 여러 가지로 이해할 수 있는데, 첫째로 장소는 영역을 나타낸다. 동물들이 자기 영역을 표시하여 침입자로부터 자신을 보호하듯이 사람도 마찬가지다. 울타리, 문, 경계 표시 등은 어떤 영역이 어떤 사람에게 속해 있는지 구분해준다. 경계는 원치 않는 다른 사람들의 침입을 막고 안전을 지켜주며 사생활을 보호해준다(최소한 경계는 타인의 침입을 원치 않는다는 뜻을 표시한다). 예를 들어, 어떤 보스턴 주민들은 폭설이 내린 뒤 주차를 위해 도로의 눈을 치우고는 그 위에 자기 몫이라는 표시를 해둔다. 차가 나간 자리에 의자나 쓰레기통을 놔두고는 '자기 자리'에 다른 사람들이 들어오는 것을 격렬하게 반대한다.

'자기 것'과 '자기 집'이라는 생각은 사람들에게 매우 중요한 것처럼 보인다. UCLA나 노트르담 같은 야구팀들은 홈구장에서 경기를 할 때 특히 거칠다. 집은 친숙하고 예측할 수 있는 내 것이다. 영국 코벤트리에 있는 공용 공간의 연구 결과는 자기 영역을 갖는 것의 중요성을 잘 드러내 주고 있다. 사람이 기대하는 것과는 반대로 자기 뜰을 가진 가정은 공용 뜰을 가진 가정에 비해 화목하다는 것이다.

이 연구 결과를 분석하면서 한 연구원은 "교외나 작은 마을에서 자기 집의 경계를 확실하게 만들어놓은 경우 이웃과 더 많은 대화를 한다. 이런 경계는 사람들이 영토권을 갖는 데 도움이 되므로 실제로 이웃 간에 더 가깝게 지내게 된다"고 평했다. 이런 관찰은 "좋은 울타리가 좋은 이웃을 만든다"는 로버트 프루스트의 유명한 말과도 일치한다.

영역을 나타내는 장소의 중요성은 사무실에서도 나타난다. 상사와 부하직원이 만날 때 누구의 사무실을 이용하는가? 상사가 영역의 개념으로 장소에 대해 민감하다면 만나는 목적에 따라 답이 달라질 것이다. 상사가 부하직원과 상반된 논의를 이끌어야 하거나 계급과 권위를 강조하거나 지시를 내리려면 자신의 사무실에서 회의를 주재해야 할 것이다. 그러나 상사가 부하직원에게 다가가서 부하직원 편에 서서 대화를 해야 한다면 부하직원의 사무실로 건너가는 것이 좋다.

사무실을 영토라고 여기는 한 관리자는 다른 관리자의 사무실에서 힘든 협상을 시작할 때면 크고 화려한 상대방의 의자에 앉았다. 그는 의자를 좌우로 회전시키면서 의자의 느낌을 말했다. 자신이 그 의자에 앉아 있다는 사실을 은연중에 강조하는 것이다. 다른 관리자는 그의 특이한 전략으로 인해 홈그라운드의 이점을 잃었다는 사실에 상당히 당황했다.

영역을 구별하는 것 외에 장소의 다른 특징들도 대화의 양과 형태에 영향을 준다. MIT의 토마스 알렌은 연구개발 사무실의 의사소통 유형을 연구했는데, 두 사람이 23~27미터 이상 떨어져 있으면 대화도 눈에 띄게 줄어든다는 사실을 발견했다.

이것은 조직 내에서 반드시 대화를 해야 하는 사람들은 물리적으로 가까운 위치에 있어야 한다는 것을 의미한다. 그러므로 관리자는 새로운 팀을 만들 경우 핵심 구성원의 자리를 자신과 가깝게 배치해두어야 한다. 거리가 가까울수록 더 친밀해진다는 사실을 젊은 관리자가 이해한다면 그들은 자신들의 자리를 상사의 자리 옆에 두려고 애쓸지도 모른다.

관리자는 대화의 성격에 영향을 미치도록 자기 사무실의 공간을 이용할 수 있다. 예를 들어, 많은 관리자들은 사무실을 2가지 방법으로 구분하여 사용한다. 그 하나는 관리자가 건너편에 앉아 있는 사람에게 책상 너머로 말할 수 있도록 배치한다.

이런 배열은 상사의 권위와 지위를 강조하는 것이다. 부하직원 역시 상사가 홈그라운드의 이점을 이용하고 있다고 생각하게 된다. 나머지 하나는 탁자를 중심으로 의자가 둘러놓여 있거나 서로 연이어 놓여 있도록 배치하는 것이다. 이런 배열은 계급의 차이를 무시한다는 신호이므로 더 자연스러운 대화가 오가고 교제가 활발해진다.

내가 알고 있는 대형 금융서비스 회사의 관리자들은 사람들이 물리적인 배경에 어떻게 본능적으로 반응하는지에 관한 완벽한 사례를 보여준다. 이들은 4개의 회의실 중에서 유독 회의실 하나만 사용하기를 좋아한다. 3개의 회의실에는 사각 테이블이 있어서 직사각형이나 U자 모양으로 옮길 수 있고, 나머지 가장 인기 있는 회의실에는 원탁이 놓여 있으며, 이 탁자를 제외하고 모두 똑같은 모양이다. 이 조직의 문화와 규범에 따라 관리자들은 원탁에 나란히 앉아 일하기를 좋아한다.

물리적인 배경은 사람들 간의 의사소통을 통제하는 다른 방법으로 활용할 수 있다. 엘리베이터가 없는 건물에 입주해 있는 전자회사의 바이어는 일부러 자신의 사무실을 3층에 두었다. 1층 안내 데스크로 오는 영업사원들에게 한결같이 바이어는 "지금 바로 만날 수 있다"고 말한다. 영업사원은 40개의 계단을 걸어 올라가 바이어의 사무실에 도착하게 되고, 숨이 차고 약간 정신이 흐트러진 상태에서 바이어를 만나게 된다. 물리적인 환경을 이용하여 영업사원을 처음부터 불리한 입장에 놓이도록 만드는 것이다.

이런 배열이 사람에게 미치는 영향은 문화인류학자가 개인 공간에 대한 사람들의 느낌을 관찰한 내용과 일치한다. 에드워드 홀은 서로 다른 문화권에 사는 사람들을 대상으로 어느 정도의 거리가 대화하기에 편한지 연구했다. 그의 연구 결과에 따르면 영국인은 미국인들보다 더 멀리 떨어져서 대화를 하고 아랍인과 일본인들은 가까이에서 대화를 하는 편이라고 한다. 또한 홀은 상호작용을 위한 4가지 기본 거리를 제시했는데 친밀한 공간(48cm), 개인 공간(48cm~3.6m), 사교적 공간(3.6m~10.9m), 공공 공간(10.9m 이상)이 그것이다.

직각으로 놓인 의자에 앉은 사람들은 서로 개인 공간으로 쉽게 들어갈 수 있다. 책상이 두 사람 사이에 놓여 있으면 개인 공간에서 사교적 공간으로 상호작용이 바뀌게 된다. 한 공간에서 다른 유형의 공간으로 두 사람이 이동하게 될 때 두 사람의 의사소통 내용과 성격은 크게 바뀌게 된다. 가구 배열의 결과에 따라 사람들은 더 거리가 멀어지기도 한다.

물리적 환경은 점유자의 지위를 상징하기 때문에 행동에도 영향을 미친다. 이 사실을 알고 있는 관리자들은 때로 조직 내에서 물리적 공간을 두고 치열한 싸움을 벌이기도 한다. 구성원들이 힘과 영향력이라는 미묘하고 보이지 않는 작용이 일어나는 공간을 놓고 다투기 때문이다. 존 딘은 백악관 생활 초기에 다음과 같은 모습을 발견했다.

"버드와 나는 백악관 직원들의 사무실 앞을 지날 때마다 가구와 파일들을 옮기고 있는 장면을 보았다. 백악관은 다른 정부의 사무실과는 크게 다르게 내부적으로 끊임없이 변동을 했다. 사무실들은 계속 바뀌고 변경되었다. 모든 사람들이 대통령의 귀와 가까운 위치로 가려고 애썼고, 아무리 경험 없는 관찰자라 해도 직위 변화를 감지할 수 있었다. 성공과 실패는 크기와 실내장식, 사무실의 위치로 나타났다. 누구든지 작은 사무실로 옮겨가면 내리막길이었다. 목수나 벽지공이 누군가의 사무실에서 분주하게 움직이면 그 사무실 주인은 승승장구하고 있다는 증거였다. 직원들은 매일 백악관을 개미처럼 기어 다녔다. 이삿짐을 나르는 일꾼은 사람이 들어오고 나가고, 승진하고 좌천함에 따라 이 사무실에서 저 사무실로 가구들을 끊임없이 옮겼다. 우리는 사무실 이동을 관리자들의 내부 권력 투쟁의 지표로 읽게 되었다."

다른 백악관의 사무실에 비해 딘의 첫 번째 사무실은 허름했다. 그가 불평을 하자 할드만이 아직 어디로 배치해야 할지 결정하지 않아 임시로 사용하는 것이라고 했다.

"나는 어떤 일이 일어나고 있는지 굳이 말을 들을 필요도 없었다. 나는 테스트를 받고 내 실적에 따라 갈 곳이 정해지기 때문이었다. 나는 가장 바닥에 있었기 때문에 본능적으로 기어오르기 시작했다."

관리자들은 자신들의 가구를 이용함으로써 힘과 권위를 과시할 수 있다. 또는 자기 사무실을 어떻게 사용하느냐에 따라 높은 실적을 내는 데 필요한 가치관을 강조할 수 있다.

케네스 올센을 비롯한 디지털 이큅먼트의 관리자들은 세계에서 가장 성공적인 소형 컴퓨터 회사를 세웠다. 낡은 정미소에 있는 그들의 사무실은 호화로움과는 거리가 멀었다. 베니어 합판으로 칸막이를 한 사무실은 검소하고 간소한 초창기 회사의 모습과 다를 바 없었다. 이런 환경은 관리자들과 방문객들에게 매우 분명한 메시지를 주었다. 디지털 이큅먼트에서는 열심히 일하는 것과 실용적인 것이 무엇보다도 중요하다는 사실이었다. 이렇듯 조직의 핵심 가치를 지지하고 전달하는 데 물리적인 공간을 활용할 수 있다.

다른 조직을 둘러보기는 쉽지만, 자신의 조직을 둘러보기는 쉽지 않다. 자신의 물리적 공간 사용을 이용해 메시지를 내보낼 수 있어야 한다. 다른 회사처럼 자기 회사를 둘러보라. 얼마나 많은 공간(정보)이 잠겨 있는가? 파일, 전화, 사무실이 닫혀 있는가? 크기, 위치, 사무실의 가구들이 지위를 말해주는가?

게시판을 보라. 게시판이 매우 깔끔하고 이니셜을 남겨야 한다면 직원들은 짧은 단신이나 만화를 붙이기를 망설일 것이다. 커피포트가 있거나 어딘가에 '만남의 장소'로 사용하는 장소가 있는가? 또는 사무실 배치가 잘못되어 사람들이 서로 고립되어 있는가? 장소를 살펴보면 회사가 얼마나 짜임새가 있는지, 얼마나 위계질서가 있는지, 개인의 의사표현의 자유가 있는지, 회사가 가치 있게 여기는 것이 무엇인지를 알 수 있다.

대부분의 사람들은 자신의 사무실 공간을 일정한 형태로 상호작용하도록 배치하고, 의식적이든 무의식적이든 자신에 대한 메시지를 보낸다. 나는 어떤 사무실에 처음 들어갈 때마다 그 공간의 주인이 가족, 멘토, 친구 또는 좋아하는 장소의 사진으로 사무실을 얼마나 장식해놓았는지 살핀다. 그 사람이 자신에 대해 얼마나 말하고 있는가? 누가 특별한 사람이고 주변의 어떤 것을 즐기고 있는가?

사람들은 사무실이나 집에 처음 걸어 들어갈 때 질감을 살핀다. 주인이 촉감 있는 직물, 털이 긴 양탄자, 만져보고 싶은 덮개들로 장식했는가? 이 주인은 '접촉'을 원하고 가까운 거리에서 상호작용을 하고 싶다는 신호를 보내고 있는지도 모른다. 또는 표면이 깨끗하고 윤이 나고 부드러운가? 주인이 정돈된 것을 좋아하고 거리를 두고 상호작용을 하고 싶어 하는 것 같은가? 자신의 공간을 이와 같은 방법으로 보면서 다른 사람들이 자신에 대해 읽어내려고 하는 메시지를 찾아보며 자신이 좋아하는 상호작용의 유형을 알아보라.

보디랭귀지와 준언어도 중요한 메시지다

물리적 환경처럼 보디랭귀지와 준언어는 사람의 말에 특징을 부여하거나 뒷받침하거나 부정하는 중요한 메시지를 전달한다. 준언어의 경우 목소리의 톤, 빠르기 등의 언어 외적인 특징을 포함하며 비언어적인 메시지를 전달한다.

큰 우주항공회사의 프로젝트 책임자가 자신의 연구 프로젝트를 지지하는 고위경영자 회의를 소집했다. 연구 프로젝트를 상업적으로 활용할 것을 자주 강조하는 회사의 정책에 따라 프로젝트 책임자는 경영진들이 내부에서 신상품 개발에 필요한 자금을 모집해주기를 원했다. 그가 회의 서두에서 개발에 필요한 많은 비용을 대략적으로 말했을 때 참석자들의 얼굴 표정과 몸짓에서부터 자신의 의사에 반대한다는 느낌을 받았다. 그는 본능적으로 만약 지금 당장 그 사람들에게 구체적인 결정을 내리라고 요구한다면 부정적인 결과를 얻게 될 것이라는 사실을 예측했다. 그는 생각을 바꾸어 내부가 아닌 외부 자금 조달의 가능성을 강조하기 시작했다. 그리고 즉시 자금 모집 방법을 결정해줄 것을 요구하지 않았다.

이런 형태의 비언어적인 의사소통과 조정은 비즈니스에서 매일 일어나지만 눈치 채지 못하고 자주 지나치게 된다. 현재 상황에서는 매우 중요한 메시지지만 참석자들이 공개적으로 또는 말로 표현하지 못할 경우 이런 비언어적인 경로를 통해 메시지를 전달하게 된다.

비언어적인 메시지는 모호하고 미묘하기 때문에 사람들은 즉시 다시 해석하거나 부정할 수 없다. 역설적으로 비언어적인 메시지는 정확하지 않기 때문에 더 안전하며 진실할 수 있다. 우주항공회사에서 프로젝트 책임자와 고위경영진들은 모호한 의사소통을 해야 하는 나름대로의 이유가 있었다.

최근 인기 있는 출판사에서 보디랭귀지에서 모호성을 제거할 수 있다고 주장하는 책이 몇 권 나왔다. 이 책들에서는 여러 가지 얼굴 표정과 몸짓에서 한 가지 뜻을 찾아낸다. 예를 들어, 가슴에 팔짱을 끼면 듣는 사람이 상대방의 말에 마음을 닫았다는 '의미'라고 한다. 그러나 이런 간단한 해석은 비언어적인 의사소통에 관한 학문적인 연구를 오용하고 있다. 어떤 몸짓도 오직 한 가지 의미만 지니고 있지 않다. 모든 몸짓은 문화적 규범, 개인의 취향, 물리적 환경, 과거에 경험한 일과 앞으로 예견하는 내용에 따라 의미가 달라진다고 연구원들은 강조한다.

사람과 문맥이나 상황에 대해 잘 안다고 해도 보디랭귀지를 해석하는 데는 주의해야 한다. 최근 나는 큰 제조업체의 직원과 함께 회사 복도를 걸어갔다. 우리는 짐이라는 남자와 지나치면서 인사를 나누었다. 그는 회의에 참석해서 새로운 임무를 받고 막 나오던 참이었다. 그의 얼굴에는 생기가 없었고 걸음걸이와 몸가짐은 평소와 다르게 활달하지 않았다.

점심식사 후 우리는 몇 분 동안 짐의 비언어적인 행동에 대해 의견을 나누었다. 이런 해석은 물론 조심스럽게 해야 한다. 우리는 짐이 소속된 부서의 미래를 암시하는 것들에 대해 이야기를 나누기도 하고, 혹시 짐이 감기에 걸렸는지, 그것이 짐의 비언어적인 행동에 영향을 미친 것은 아닌지 여러모로 생각해보았다.

비언어적인 언어는 (모호하기 때문에) 문맥 속에서 그 의미를 해석해야 할 필요가 있다. 관리자는 이 점을 명심하면서 비언어적인 언어를 잘 이해하며 읽어낼 수 있어야 한다. 얼굴은 감정을 가장 잘 전달하는 부분으로 "그 사람 얼굴에 모든 것이 써 있다"라는 표현이 있을 정도다. 어떤 연구에서는 목소리 톤과 얼굴 표정이 두 사람의 의사소통의 90퍼센트 이상을 좌우한다고 지적한다. 의사소통에서 사전적 의미로서의 말이 차지하는 비중은 겨우 10퍼센트 정도에 지나지 않는다.

얼굴 표정을 읽어내는 능력을 향상시키기 위한 가장 좋은 방법은, 소리는 들리지 않게 해놓고 비디오 테이프나 영화를 보면서 사람들이 말할 때의 얼굴 표정을 살피는 것이다. 눈썹을 올리거나 모으거나, 눈동자가 커지거나, 코를 쳐들거나 비틀거나, 입술을 꼭 다물거나, 치아를 드러내거나 악물거나 하는 동작을 자세히 관찰해보라. 예를 들어, 말을 듣고 있는 사람의 콧구멍이 넓어지면 상대의 말에 흥미가 있다는 의미이고, 반대로 콧구멍이 좁아지면 상대의 말을 좋아하지 않는다는 의미일 수 있다.

다만 얼굴에는 몇 가지 감정이 동시에 나타날 수도 있기 때문에 그 사람의 마음속에 있는 여러 가지 감정을 알아차리기란 매우 어려운 일이다.

눈을 마주치는 것도 비언어적으로 의사소통을 하는 가장 직접적이며 강력한 방법 중의 하나다. 미국 사회에서는 문화적인 관습상 대부분의 상황에서 짧은 시간 동안 눈을 마주치는 것이 적당하다고 한다. 장시간 눈을 마주치게 되면 대개는 위협을 느끼거나, 때로는 이성으로서 관심이 있다는 표시로 받아들일 수도 있다.

대부분의 관리자들은 한 사람, 한 사람 똑바로 눈을 응시하면 자신의 주장을 더 인상 깊게 심어준다는 사실을 알고 있다. 그러나 듣고 있는 동안 눈을 마주치는 일이 얼마나 중요한지 아는 사람은 많지 않다. 잘 듣는 사람은 관심을 갖고 있다는 것을 몸으로 적극적으로 표현해야 한다.

미국 백인사회의 일반적인 관습으로, 대화 중 말하는 사람은 눈을 떼고 다른 곳을 보는 방법을 알아야 한다고 한다. 상대적으로 듣는 사람은 더 많은 시간을 말하는 사람을 쳐다보면서 관심을 보인다. 다른 사람의 시선을 계속 받게 되면 말하는 사람은 계속 말을 잇기가 어렵게 되기 때문에 이런 의사소통의 어려움을 극복하기 위해 시선을 자주 다른 곳으로 옮겨야 한다. 듣는 사람이 시선을 다른 곳으로 옮기게 되면 말하는 사람은 어느 정도 길게 말을 해야 하는지 알게 된다.

예를 들어, 상사가 부하직원의 말을 듣고 싶어 한다면 부하직원이 말하는 동안 눈을 떼지 않고 머리를 끄덕여주며 종종 "그렇군요"라는 말로 격려해야 한다. 관리자는 말을 하지 않고도 자신의 이해 정도와 공감하는 정도를 비언어적인 메시지로 전달하는 것이다.

눈을 마주치는 무언의 규정은 민족에 따라 다르다. 흑인들이나 치카노(Chicanos: 멕시코계 미국인)들은 대화 도중 다른 곳을 봐도 무관심하다고 받아들이지 않지만 백인들은 무관심하다고 해석한다. 치카노가 대다수인 회사에 한 젊은 백인 비즈니스맨이 관리자로 부임해 왔다. 어느 날 이

백인 비즈니스맨은 계속 실수를 하는 칼로스라는 직원을 불렀다. 그는 칼로스에게 문제를 자세히 지적해주려고 하는데 칼로스는 눈을 계속 다른 곳으로 돌렸다. 백인 관리자는 화가 나서 "내가 말할 때는 나를 보란 말이야!"라고 소리를 질렀다. 깜짝 놀란 칼로스는 눈을 마주치려고 애를 썼지만 오랫동안 버티지 못했다.

백인 관리자에게 칼로스의 행동은 무례하며 자신에게 반항한다고까지 생각할 수 있다. (그러나 자신의 문화적인 규범을 따르는) 칼로스에게는 질책하는 상사의 눈을 계속 바라보는 행동이 무례한 일인지도 모른다. 칼로스가 당황해서 어쩔 줄 몰라 하는 것을 보고 난 후에야 이 관리자는 칼로스가 일부러 무례한 행동을 취한 것이 아니라는 사실을 알게 되었다. 이와 같이 비언어적인 의사소통은 문화와 인종에 따라 매우 다양하기 때문에 일반화하기가 쉽지 않다. 모든 사람이 동일한 관습을 따라야 한다고 생각한다면 잘못된 해석을 내릴 수 있다.

말의 준언어적 특징들은 다른 사람들의 감정을 이해하는 데 매우 강력한 수단이다. 준언어는 어떻게 말하는가? 준언어는 목소리의 톤, 음색, 말의 고저, 속도, 한숨이나 불평하는 소리 등을 말한다. 관리자들은 준언어를 의사소통의 음악으로 생각해야 하며, 사람들의 목소리가 언제 어떻게 높아지고 어려운 상황에서 목이 어떻게 메이며 감정이 어떻게 격해지는지 관찰할 수 있어야 한다. 놀랍게도 사람들은 눈으로 보지 않을 때 다른 사람의 목소리를 더 잘 알아듣기도 한다. 언어적인 메시지는 준언어의 음악과는 다르거나 대치될 수 있기 때문에 직접 대면해야 하는 회의에서는 이런 가치 있는 데이터인 준언어에 깊은 관심을 갖지 않는다.

관리자는 말의 속도는 물론 멈춤과 침묵도 주의해야 한다. 침묵에 모든 뜻이 담겨 있을 수 있다. 극단적으로 사람들은 침묵을, 판매를 끝내거나 동의를 구하는 무기나 전략으로 사용함으로써 상대방이 당황하여 물러날 때까지 기다린다. 한편 대화에서 '멈춤'은 상대방에게 자신의 생각이나 감정을 조심스럽게 되돌아보는 시간을 준다는 점에서 아주 유용한 선물이다. 침묵하는 동안 우리가 사용하는 비언어적인 행동은 자신이 어떤 결과를 원하는지 전달하는 데 도움이 된다.

멈춤의 한 가지 특별한 형태는 '중간 휴식'으로, 말하는 사람이 말 사이의 공간을 채우기 위해 '어' '음'과 같은 소리를 사용한다. 사회학자 어빙 고프만은 중간 휴식은 "말의 지속성을 표현하는 것으로, 말하는 사람이 지금 적절한 말을 떠올릴 수는 없지만 대답하고 있는 중임을 보여주는 것이다"라고 했다. 즉, '방해하지 말라. 아직 말이 끝나지 않았어'라는 뜻으로 말하는 사람의 말할 권리를 유지하는 신호인 것이다.

보디랭귀지와 준언어에 숨어 있는 메시지는 언어적인 메시지와 같을 필요가 없으며, 실제로 일대일 대응이 되지 않는다. 그러나 완전하고 개방된 의사소통이 이루어져야 하는 상황이라면 비언어적인 메시지는 합리적이며 신뢰할 수 있도록 언어적인 메시지에 첨가되어야 한다. 머리를 숙이거나 손을 내리는 것 같은 작은 행동이나 눈을 응시하는 행동은 멈춤을 표시하거나 요점을 강조하거나 상대방의 말에 의구심을 갖고 있음을 표현한다.

생각에 큰 변화가 있다는 것을 표시하기 위해 말하는 사람은 몸의 위치도 바꿀 수 있다. 이렇듯 비언어적인 행동은 전달하고 있는 언어적인 메시지의 마침표와 같은 역할을 하는 것이다.

대화에 깊이 빠져 있는 순간에는 비언어적인 의사소통이 두드러지게 된다. 대화를 나누는 두 사람은 정확히 동시에 손을 내리고 몸을 움직인다. 마치 거울을 보듯 서로의 움직임을 보게 된다. 이런 일은 너무 빨리 일어나기에 비디오 테이프나 필름을 다시 돌려보지 않고는 알아채지 못하기 십상이다.

대화 도중 상대방이 자신의 기대나 가치를 위반했다고 생각하면 듣는 사람은 고통스럽다는 신호를 보내게 된다. 규범이나 지위가 달라 다른 의견이나 의문을 말로 적절하게 표현하지 못할 경우 이 메시지는 비언어적인 '비틀거림'을 통해 전달된다. 균형을 잃은 것 같은 움직임이 갑자기 나온다. 팔다리가 갑자기 움직이고 몸 전체가 다시 균형을 잡는다. 비틀거림은 다시 새로 논의할 필요가 있다는 신호다.

재조정은 아주 빠르고 미세하게 일어나기 때문에 비언어적인 경로들을 통하기도 한다. 비틀거림과 그 의미를 알아채는 관리자는 알아채지 못하는 관리자들이 갖지 못하는 선택권을 갖는다. 다시 말해 알아채는 관리자는 현재 상황을 더 효율적으로 처리할 수 있는지 여부를 결정할 수 있다.

관리자는 다른 언어와 함께 재치 있는 행동으로 비언어적인 메시지를 보내야 한다. 여기에는 기술을 갖추고 있어야 하는데, 한 번에 한 가지 경로만 연구하는 것이다.

직접 만날 때는 한 사람이 처리할 수 있는 것보다 많은 정보가 여러 경로를 통해 들어오기 때문에 상대방을 연구할 목적이라면 한 번에 한 가지 세부 사항만 살펴야 한다. 한 가지 경로에만 열중하면 다른 경로들도 완전히 파악하게 된다.

예를 들어, 관리자가 듣기 기술을 향상시키고 보디랭귀지를 정확히 파악하기 위한 한 가지 방법은 본인 혹은 상대방의 행동을 담은 비디오 테이프를 보거나 소리를 낮추고 텔레비전을 보는 것이다. 그리고 오디오 테이프를 듣고 언어 뒤에 숨겨진 음악적인 요소들을 듣는 것도 유익하다.

비언어적인 경로는 명백한 언어적인 의사소통에 비해 지나치게 민감한 메시지를 전달하는 경우가 있다. 메시지가 너무 미묘하고 모호하고 종종 불확실하기 때문에 그 내재된 의미를 이해하기 위해서는 주의하여 읽어야 한다. 이런 숨겨진 메시지는 언어적인 메시지를 분명하게 하기 때문에 관리자에게는 상황 파악에 도움이 될 수 있다.

훈련을 통해 메시지를 읽고 보내는 기술을 향상시켜라

관리자가 3가지 언어 모두에 대한 기술을 개발할 수 있는 방법 중 하나는 소그룹에서 일하는 것이다. 관리자들이 다른 사람들이 지켜보는 가운데 경영상 문제에 대한 해결책을 찾는 역할 게임을 하는 것도 유용하다. 역할 게임에 참여한 한 사람이 공격을 받고 있거나 다른 사람을 잘못 유도하고 있는지 여부를 관리자들이 재빨리 말할 수 있는 것을 보고 관람객들은 놀라기도 한다.

관람객들은 역할 게임 참가자가 불쾌감이나 초조함을 숨기고 있다는 이 메시지를 매우 분명하게 읽어낸다. 하지만 역할 게임 참가자들은 숨은 메시지를 알아채지 못할 수도 있다.

여기에서 2가지 교훈을 얻을 수 있다. 첫째, 자신을 드러내고 싶어 하지 않는 사람들의 메시지는 감지하기 매우 어렵다. 이런 메시지는 이런저런 방법으로 빠져나간다. 이것들을 감지하기 위해 애를 쓰면 쓸수록 신호의 혼란만 가중되며 현재 진행되는 사항을 이해하는 데 사용하면 더 좋을 에너지를 소비하게 될 뿐이다.

둘째, 보디랭귀지, 준언어, 이미지는 항상 상호작용의 일부다. 메시지는 읽히기 위해 존재한다. 관리자는 훈련을 통해 이런 메시지를 읽고 보내는 기술을 향상시킬 수 있고 어떤 복잡한 상황 하에서도 이 메시지에 주목할 수 있게 된다.

결론적으로 이 3가지 언어만으로는 이 언어를 사용하는 사람들에 대한 분명한 메시지를 전달할 수 없다. 그러나 점증적으로 이 언어들은 더 많은 조사를 통해 확인해야 하는 느낌이나 육감에 대한 근거를 만들 수 있다. 옷, 말, 몸짓 같은 우리의 물리적인 환경은 상대방에게 우리에 대해 말을 하며 상대방에게 영향을 미친다. 이런 사실을 우리가 알든 모르든 사람들과 우리의 상호작용은 계속되고 그 사람들이 우리의 이미지, 환경, 보디랭귀지를 통해 알게 된 정보의 영향을 받게 되며 우리도 마찬가지다.

8

회의 진행의
노하우를 익혀라

안토니 제이
Antony Jay

왜 모든 회의는 시간 낭비이고 자극적이며 조직의 목표 달성에 방해가 되는가? 그 해답은 안토니 제이의 말과 같이 '참석자들의 온갖 대립으로 토론은 궤도를 벗어나고 진행자의 정신적·기술적인 잘못으로 회의의 목적을 달성하지 못하기 때문' 이다.

잦은 회의로 인해 모든 사람들이 많은 시간을 낭비하고 있으며, 때로는 습관적으로 회의를 하는 것 같기도 하다. 오랜 역사를 자랑하는 위원회는 과거에 문제를 다루어보았다는 기억만을 간직하고 있다. 회의에서 고작 '이 안건을 위원회에 회부한다' 고 한다면 회의는 권위를 약화시키거나 책임을 분산시키고 결정을 미루는 수단으로 전락할 수 있다. 그러나 회의는 인간의 필요를 만족시키는 요소이기도 하다.

저자는 회의의 잘못된 부분을 바로잡는 방법을 제시하고 있으며 회의의 기능, 회의의 규모와 형태, 회의의 목적을 정하는 방법, 회의 준비하기, 회의 진행자의 역할과 목적을 달성하기 위한 회의 진행방법에 대해 다루고 있다.

집단토론에는 논리적인 순서가 있다. 이 순서를 따르지 않는다고 해도 순서는 반드시 인지하고 있어야 한다. 다음에 제시하는 절차를 따른다면 토론이 방해받지 않고 신속하게 진행될 수 있다. 이 절차는 의사의 진료를 받는 것과 같은 형식이다.

'무엇이 문제인가?'

'얼마나 오래되었는가?'

'침대에 누우시오.'

'추간 연골이 빠진 것 같습니다.'

'이 처방전을 약사에게 가져가시오.'

　왜 회의를 하는가? 이유가 무엇인가? 상당히 많은 주요 안건들에 대해 아무에게도 묻지 않고 한 사람이 만족스럽게 처리하기도 한다. 또는 두 사람이 편지, 메모, 전화 또는 간단한 대화를 통해 많은 일을 해결하기도 한다. 때로는 6명을 5분씩 따로 만나는 것이 모두 한군데 모여 30분 동안 회의를 하는 것보다 더 효과적이다.

　잦은 회의로 인해 모든 사람들이 많은 시간을 낭비하고 있으며, 때로는 습관적으로 회의를 하는 것 같기도 하다. 오랜 역사를 자랑하는 위원회는 과거에 문제를 다루어보았다는 기억만을 간직하고 있다. 회의에서 고작 '이 안건을 위원회에 회부한다'고 한다면 회의는 권위를 약화시키거나 책임을 분산시키고 결정을 미루는 수단으로 전락할 수 있다. 그러나 회의는 인간의 필요를 만족시키는 요소이기도 하다.

　유사 이래 사람들은 조직을 형성하고 작은 그룹을 만들어 자주 모였고 큰 '종족' 모임도 이따금 열었다. 일하는 곳에 전혀 모임이 없다면 조직의 연대감이 줄어들게 되므로 사람들은 일을 마친 후 공식적으로든 비공식적으로든 협회, 학회, 팀, 클럽, 술집에서 모임을 갖는다.

회의는 원시 수렵시대 때부터 시작된 유산이지만 역사적인 의미 이상으로 필요하다. 때때로 일부 테크놀러지 마니아들은 집 밖으로 한 발자국도 나가지 않고 거실에 앉아 전자, 멀티채널, 마이크로웨이브 등을 이용하는 경영자를 꿈꾸기도 한다. 그러나 조직을 운영한 경험이 있는 리더들은 이런 꿈을 들으면 처음에는 흥미를 보이지만 곧 관심조차 보이지 않는다.

공상과학 소설의 세계가 있고 현실 세계가 있다. 현실 세계에 속한 사람들은 직접 얼굴을 마주 대하는 회의가 필요하다. 정보혁명으로 탄생한 전화나 모니터 같은 기술적인 도구로는 회의의 기능을 절대로 대신할 수 없다.

회의는 6가지 핵심 기능을 갖고 있다

회의가 최신 의사소통 수단들보다 더 우수한 기능을 수행하는 데는 다음과 같은 6가지 핵심 기능이 있기 때문이다. 이 기능들을 살펴보면 회의의 의미를 이해하는 데 도움이 될 것이다.

❶ 회의는 팀, 그룹, 유니트의 범위를 제한한다. 참석자는 그 범위 안에 속하고 불참자는 그렇지 않다. 참석자들은 주위를 둘러보고 전체를 파악하며 자신이 속한 집단과 일체감을 느끼게 된다. 사람들은 자신이 유니버셜 인터내셔널의 이사회나, 플렉시튜브의 해외영업부나, 학교운영위원회의 위원이나 ,이스트 햄턴 풋볼팀이나, 1중대 4소대 2분대에 소속되어 있는지 알고 있다.

❷ 회의에서 그룹은 자신을 변경하고, 갱신하고, 보충하는 일을 한다. 모든 그룹은 고유한 지식, 경험, 판단, 특징을 공유한다. 이것은 개인의 경험과 그룹의 토론 내용으로 이루어지고, 구성원들은 자신이 아는 내용을 나머지 사람들도 안다고 생각한다. 이런 공유를 통해 모든 구성원들은 다른 구성원들과 빠르고 효율적인 의사소통을 하게 된다. 간단한 말에 숨어 있는 특별한 뉘앙스와 암시도 구성원들끼리는 쉽게 알아들을 수 있다. 외부 사람들에게는 자세히 설명해야 하는 내용을 구성원들끼리는 말하지 않아도 되는 경우가 상당히 많다.

하지만 이런 공유도 계속 새롭게 고치고 보충해야 하며 때로는 불필요한 부분을 제거해야 한다. 회의 후에 각 구성원이나 소그룹이 얻은 정보와 아이디어를 교환하는 일은 간단해 보이지만 그룹의 힘을 기르는 데는 중요한 역할을 한다. 새로운 정보나 아이디어에 대해 질문하고 의견을 제시하면서 그룹은 '소화' 과정을 거쳐 가치 있는 것은 취하고 나머지는 버리게 된다.

일부 동물행동학자들은 집단 내에서 지식과 경험을 나누는 이 능력을 '사회적 사고'라고 한다. '사회적 사고'란 여러 사람들이 공유하는 한 가지 사고를 가리키는 것으로, 학자들은 '사회적 사고'는 특별한 창조력이 있다고 생각한다. 함께 회의를 하는 그룹은 개인이나 떨어져 있는 여러 사람들에 비해 더 나은 아이디어를 제안하고, 계획을 세우며 결정을 내릴 수 있다. 물론 수준 낮은 결론을 내거나 전혀 성과 없이 끝날 수도 있다.

하지만 문제해결을 위해 여러 사람의 경험, 지식, 판단, 권위, 상상력을 모으면 상당히 많은 계획과 결정을 수립하게 하고 향상시키고 변경시키게 된다. 한 사람이 제시한 본래 아이디어를 논의와 토론을 거치면서 실험하고 확대하고 정비하고 가다듬고 나면 아이디어는 더 많은 요구 조건을 충족시키고 더 많은 장애를 극복하게 된다.

❸ 회의에 참석하면 개인들은 그룹의 공동 목표를 이해하고 자신과 다른 사람들의 일이 그룹의 성공에 기여하는지 이해하게 된다.

❹ 회의 참석자들은 회의에서 내리는 결정과 추구하는 목적에 기여한다. 어떤 것이 결정되면 처음에 자신이 반대 의사를 제시했을지라도 그룹의 일원으로 결정을 받아들일 의무가 있다. 조직 내에서의 실제 반대는, 열의 하나는 결정에 대한 반대지만 나머지 아홉은 결정하기 전에 자신들에게 의견을 묻지 않았다는 것에 대한 분노의 표현이다. 사람들은 대부분의 안건에서 다른 사람들이 자신의 의견을 듣고 검토했다는 것을 충분히 알고 있다. 자신의 의견이 채택되지 않아 유감스럽지만 이내 결과를 받아들인다.

한 팀의 결정이 팀원 전체에 영향을 주듯이 조직의 고위층 회의에서 내린 결정은 경영자 한 명이 내린 것보다 훨씬 큰 권위를 갖는다. CEO가 자기 임의대로 내린 결정보다는 이사회의 결정에 대해 이의를 제기하기가 훨씬 힘들다. 이렇듯 회의의 의사결정 권한은 장기 정책과 절차를 위해 특별히 중요하다.

❺ 경영에서 회의는 팀이나 그룹이 실제로 존재하고 그룹이 함께 일하는 유일한 경우이며 주임, 과장, 이사가 보고의 대상이 아니라 팀의 리더로 인식되는 유일한 시간이기도 하다. 물론 리더가 직원들과 항상 함께 일하고 팀을 이끄는 경우도 있다. 탄광이나 건축공사팀의 리더뿐만 아니라 호텔 레스토랑의 주방장과 레스토랑의 총책임자, 백화점 매장의 매니저가 그 좋은 예다. 그러나 큰 기업의 본사에서는 일간이나 주간 회의가 열릴 때만 리더들이 직무를 하기보다는 팀을 이끈다고 인식되는 경우가 자주 있다.

❻ 회의에서는 계급을 인정한다. 그룹 내의 다른 구성원들의 지위를 고려하지 않거나 고려해서는 안 된다고 하는 주장은 옳지 않다. 지위는 인간 본성의 일부분이다. 질서는 계급이나 계층, 지시나 명령, 안정과 '일을 잘 처리하

라' 또는 '법과 질서'와 같은 당위성을 의미한다.

회의는 많은 경우 구성원들 자신의 상대적인 지위를 알게 되는 유일한 시간이므로 '경쟁 기능'은 불가피하다. 한 그룹이 새로 생겨 새로운 리더를 맞이하거나 진급 경쟁을 벌여야 하는 상황이라면 '경쟁 행위'는 점점 과열되어 회의 전반을 지배하기 쉽다. 그러나 구성된 지 오래되고 정기적으로 모이는 경우 '경쟁 행위'는 거의 중요하게 인식되지 않는다.

이러한 회의의 6가지 주요 기능을 모든 상황에서 적용할 수 있다고 장담할 수는 없다. 어떤 회의는 시간 낭비일 수도 있고 짜증스럽거나 조직의 목표 달성에 방해물이 되기도 하기 때문이다.

규모와 형태가 회의의 본질에 큰 영향을 준다

대체로 회의는 규모에 따라 3가지로 분류할 수 있다.

- **총회** 100명 이상 참석하며 주요 발언권자는 한 명일수도 있지만, 다수일 수도 있다.
- **평의회** 4~50명의 사람들이 참석하며 주요 발언자의 말을 듣고 질문이나 발언을 할 수 있으며 자신의 말을 설명할 기회도 있다.
- **위원회** 최고 10명(또는 12명)의 사람들이 참석하며, 의장의 안내와 통제에 따라 전원이 동일한 자격으로 발언한다.

여기서는 '위원회'만 다루려고 한다. 이는 위원회, 소위원회, 스터디 그룹, 프로젝트팀, 실무진, 이사회와 같은 조직으로 약 12명 규모로 이루어진다.

위원회는 전 세계적으로 가장 보편적인 회의이며 그 기원은 원시 수렵 집단까지 거슬러 올라갈 수 있다. 매일 미국 전역에서 1,100만 번의 위원회 규모의 회의가 열린다고 한다.

회의의 규모 외에 회의의 본질에 큰 영향을 미치는 회의의 형태도 살펴볼 점들이 있다.

빈도 일간 회의는 주간 회의와는 다르고 주간 회의는 월간 회의와 또 다르다. 부정기 회의, 임시 회의, 분기 회의, 연례 회의 역시 서로 다르다. 회의의 빈도 수는 조직의 단결 정도를 나타내기도 한다.

구성 간호사와 간호조무사가 같은 병동에서 일하듯이 같은 프로젝트를 맡은 구성원들이 함께 일하는가? 회사의 공장 책임자나 지역 판매 책임자처럼 업무는 다르지만 같은 위치에 있는 사람들로 구성되었는가? 또는 서로 모르는 사람들로 회의에서만 만나 회의의 목적을 달성하려는 공동 관심을 지닌 다양한 구성원으로 이루어진 집단인가?

동기 축구팀과 같이 구성원들이 일에 대한 동일한 목적을 가지고 있는가? 또는 CEO와 회의를 하는 자회사의 책임자들이나 내년 예산 편성을 논의하는 리서치, 생산, 마케팅 부서의 책임자들처럼 어느 정도 경쟁 관계에 있는 사람들인가? 시민참여단체나 신상품 디자인 위원회와 같이 회의에서 성공하겠다는 일체감을 느끼고 있는가?

의사결정 과정

회의 집단이 어떻게 최종 결론에 도달하는가? '회의의 느낌'과 같은 전체 여론에 따라 결정하는가? 다수결에 따라 결정하는가? 사회자에게 전적으로 위임하여 다양한 사실과 의견을 들어본 후에 결정하는가?

회의의 종류

회의를 분석하는 데는 5가지 방법이 있지만, 실제로 어떤 종류의 회의든 다음 3가지 종류 중 하나로 분류할 수 있다. 이런 사실을 경험 많은 회의 참석자들은 알고 있는데 그 3가지 종류는 다음과 같다.

- **일간 회의** 이 회의에서는 참석자들이 같은 목적을 가지고 같은 프로젝트를 놓고 함께 논의하여 전체 동의 하에 비공식적인 결정을 내린다.
- **주간 또는 월간 회의** 이 회의에서는 구성원들이 다르지만 유사한 프로젝트에 대해 일하고 어느 정도 경쟁적인 요소가 있으며 사회자가 최종 결정을 내릴 가능성이 크다.
- **부정기, 임시 회의 또는 특별 프로젝트 회의** 평소에는 전혀 접촉이 없고 하는 일도 전혀 연관이 없는 사람들이 특별 프로젝트를 성공시키기 위해 회의를 개최한다. 투표하는 경우는 드물지만 모든 구성원들이 거부권을 행사할 수 있다.

위의 3가지 회의 유형 가운데 첫 번째 형태가 가장 일반적이다. 또한 이해하기 어렵지만 성공 가능성이 가장 높다. 일간 회의는 간단하며 함께 어울려 일을 하기 때문에 의사소통이 잘 이루어진다.

나머지 두 형태는 문제가 다르다. 주간 또는 월간 회의나 특별 프로젝트 회의에서는 모든 형태의 인간적인 대립이 발생하여 토론이 궤도를 벗어나게 되며 사회자의 심리적·기술적인 잘못들로 회의가 목적에서 멀어질 수 있다. 또한 이런 회의의 참석자들은 대부분 고위 인사들이므로 전체 조직의 효율과 발전을 저해하고, 심지어 조직이 존폐 위기에 놓이는 경우도 있다. 여기서는 기본적으로 이런 고위급 회의에 중점을 둔다.

목표를 명확히 정하라

'이번 회의에서 무엇을 해야 하는가?'가 가장 중요한 질문이다. 이 말은 '회의를 하지 않는다면 어떤 결과가 일어날까?'라든가 '회의가 끝난 후 회의가 성공인지 실패인지 어떻게 판가름할 것인가?'라는 말로 바꿀 수 있다. 목적이 명확하지 않은 회의는 참석자들이 시간만 낭비할 가능성이 크다.

앞에서 회의의 6가지 주요 기능을 살펴보았다. 그러나 명확한 목표를 달성하기 위해 회의를 활용하려 한다면 회의에서 도달할 수 있는 목표의 형태는 정해져 있다는 사실을 명심해야 한다. 의제의 모든 항목들은 다음 기능 중 하나 또는 그 이상에 해당할 수 있다.

정보 중심 사실적인 정보를 전달하는 회의는 시간 낭비로 문서로 회람하는 편이 낫다. 단, 특정한 사람에게서 정보를 들어야 하거나 설명이나 해설이 필요하거나 참석자들과 깊은 관련이 있다면 회의 안건에 넣어야 하지만, 회의에서 어떤 결정을 내리거나 행동에 옮기지 않고 보고만 받고 토론하는 것으로도 충분하다. 이 '정보 중심' 기능에는 경과 보고가 포함되어 있어 그룹이 진행하는 프로젝트의 현재 상태나 심의에 영향을 미칠 사항을 지속적으로 알려주며 완료된 프로젝트는 평가하여 이후에 배울 것이 있는지 살펴본다.

기획 중심 '무엇을 해야 하는가?'에 대한 기능에는 새로운 정책, 새로운 전략, 새로운 판매 목표, 새로운 상품, 새로운 마케팅 계획, 새로운 절차와 같이 새로운 것을 고안해야 하는 안건이 포함된다. 이런 회의에서는 참석자들이 각자 자신의 지식과 경험, 판단, 아이디어를 제시해야 한다. 관련 당사자 전원이 참석하고 적극적으로 참여하지 않는다면 수립한 계획은 수포로 돌아갈 것이다.

업무 분담 '어떻게 할 것인가?' 하는 기능으로, 구성원들의 할 일이 결정된 후에 과제의 세부 내용에 대한 집행 책임을 나누어야 한다. '기획 중심' 기능에서는 참석자들이 지식과 아이디어를 제시해야 하지만 이번 기능에서는 계획을 실천하는 책임감이 중요하다. 이런 책임은 참석자 자신은 물론 부하직원들에게도 영향을 주기 때문에 특히 더 중요하다. 업무 분담은 회의 없이 개인별로 브리핑을 하여 나눌 수 있지만 몇 가지 고려할 사항 때문에 회의가 필요한 경우가 있다.

첫째, 회의를 통해 구성원들은 그룹의 목표를 달성하기 위한 가장 좋은 방법을 찾을 수 있다. 둘째, 회의를 통해 구성원들은 자신의 임무를 다른 사람과 그룹 전체의 임무와 조화를 이룰 방법을 이해하고 영향을 끼칠 수 있다. 셋째, 고위층이 내린 결정을 실천할 방법을 논의하는 회의라면 그룹의 동의를 얻는 것이 가장 중요하다. 그룹에서 세부 실천 계획을 세워야 한다면 최종 결정권은 그룹에 있으므로 그룹 내의 동의를 얻어내는 것이 결정적인 요소로 작용할 수 있다. 모든 사람들이 조직의 결정에 복종하며 프로젝트의 최종안에 대해 책임을 지고 각자 맡은 일에 책임을 진다. 이런 안건은 정책으로 시작해서 실행안으로 끝나는 것이 바람직하다.

시스템 수립 '무엇을 하는가'와 '어떻게 할 것인가'를 다룰 때는 부서 조직과 같은 체제를 비롯해 규칙, 과정, 절차의 시스템이 필요하다. 모든 활동들은 시스템 안에서, 또 시스템을 통해 일어난다. 체제를 바꾸어 새로운 조직이나 절차를 도입하면 구성원들에게 큰 혼란을 줄 수도 있고 그들의 지위나 장기적인 안전에도 위협이 될 수 있다. 반대로 변화 없이 내버려두기만 한다면 조직은 변화하는 세계에 적응하지 못하고 말 것이다. 어떤 변화가 일어난다 해도 그룹의 전체 리더들로부터 지지를 얻어야 한다.

시스템 수립을 하는 주요 리더들은 구성원들과 함께 결정하고 확인해야 한다. 반대 의사가 강력함에도 불구하고 토의를 마치고 결정을 내리는 것은 아주 위험하다. 구성원들이 익숙해하는 조직 체제나 과정을 리더들이 바꾸려 할 때는 신속한 결정을 내리기 힘들다. 그러므로 이런 사항에 대해서는 더 토론을 하거나 자문을 구하기 위해 결정을 연기해야 한다. 프란시스 베이컨은 "충분한 시간적 고려가 없는 자문은 그 효과를 기대할 수 없다"라고 말했다. 이보다 더 적절한 말은 없다.

회의 준비하기

앞에서 언급한 4가지 기능을 한 번의 회의에서 모두 실천할 수도 있다. 의장이 회의에서 논의할 안건을 미리 기록해놓는 것도 유용하다. 이런 준비를 통해 토론에서 논의해야 할 내용이 명확해지며, 참석자 수와 그들에게 질문할 내용을 정하게 된다.

참석자 참석자가 너무 많으면 회의의 가치와 성공이 심각한 위협을 받는다. 회의 인원으로는 4~7명이 가장 적당하며 최대 10명 이내로 제한하는 것이 좋다. 12명은 한계를 넘은 인원이다. 회의에 중요한 역할을 할 사람들을 참석하게 하는 것은 좋지만 최대한 참석 인원을 줄여야 한다.

의장은 회의 참석을 기대하거나 항상 참석하려는 사람들을 막아야 할 때도 있다. 여기에는 전략이 필요한데, 회의 참석을 꺼리는 사람들도 많으므로 불참 동의를 받아내는 일이 항상 어렵지만은 않다.

의장이 참석 인원을 적절히 줄이는 방법에 서툴다면 다음과 같은 방법을 사용해보라.

- 회의 안건을 분석하여 모든 항목에 대해 전원이 참석해야 하는지 파악하라 (안건의 순서를 조정하여 일부 참석자는 전체 회의의 절반만 참석하게 하고 다른 사람이 참석하게 한다).
- 한 번의 대규모 회의보다 두 번의 소규모 회의가 필요한 것은 아닌가 검토한다.
- 한두 그룹이 안건의 일부를 먼저 완벽하게 토의하고 매듭을 지어 그중 한 사람만이 제안서를 가지고 참석할 수 있는지 알아보라.

회의 전날 참석자들과 잠깐 대화를 해도 회의의 가치를 높일 수 있다. 사전 대화는 불필요한 대화를 미리 예방할 수 있으며, 회의보다는 자연스러운 자리에서 중요한 사안에 관한 이야기가 더 오갈 수 있다.

문서 안건은 가장 중요한 문서이다. 안건이 제대로 작성되어 있으면 회의는 신속하고 명확하게 진행된다. 안건이 지나치게 간단하고 막연하면 회의 진행이 어려워진다. 예를 들어, '개발 예산'이라는 안건은 도대체 무엇을 논의하겠다는 것인지 이해하기 어렵지만 '신제품 개발 도입 연기에 따른 19△△년 개발 예산 삭감 제안에 관한 논의'라는 안건을 제시하면 참석자들이 미리 의견을 준비할 수도 있고 자료와 통계를 찾아보는 등의 관심을 보일 수도 있다.

따라서 의장은 긴 안건을 걱정할 필요가 없다. 정해진 회의시간 내에서 각 안건을 면밀하게 분석하여 명확하게 정리하면 되는 것이다. 사회자는 각 안건에 대해 간략한 이유를 덧붙여야 하며, 전체의 관심을 끄는 안건이라면 설명서를 첨부하는 것도 좋은 아이디어다.

또한 의장은 안건마다 '정보용' '토론용' '결정용'이라는 머리말을 붙여 참석자들이 회의 진행 방향을 알게 해야 한다.

마지막으로, 안건을 너무 일찍 공개해서는 안 된다. 꼼꼼하지 못한 참석자들은 깜빡 잊어버릴 수 있기 때문이다. 안건 공개는 보충 문서가 많지 않다면 회의 2~3일 전이 적합하다.

그 밖에 안건의 순서가 중요하다. 급히 결정을 해야 하는 안건을 먼저 토의해야 한다. 예를 들어, 내년까지 장비 재구입 여부를 결정해야 하는데 장비 재구입 프로그램 예산안을 논의해서는 안 된다는 것이다. 물론 그 선이 명확하지 않은 부분도 있다.

- 회의 전반부는 후반부보다 활기가 넘치므로 정신적인 에너지와 반짝이는 아이디어가 필요한 안건은 다른 안건보다 먼저 토의하는 것이 좋다. 한편 모든 사람들의 관심과 흥미를 끄는 안건은 잠시 뒤로 미루어두었다가, 회의가 시작되고 15~20분 후 집중력이 떨어질 때 토의하라.
- 어떤 안건은 회의 참석자들을 하나로 묶어주기도 하지만 어떤 안건은 참석자들을 제각기 갈라지게 하기도 한다. 의장은 하나로 묶어주는 안건으로 회의를 시작하여 의견이 분분한 안건으로 회의를 마치거나, 그 외 여러 가지 방법으로 진행을 할 수 있다. 회의 전체 분위기에 따라 차이가 있지만 참석자들을 단결시키는 안건으로 회의를 마치는 것이 좋다.
- 사소한 안건에 너무 오래 매달려 장기적으로 중요한 기본 안건들을 토의하

지 못하는 경우가 있다. 이것은 흔히 저지를 수 있는 잘못으로, 먼저 중요한 안건을 토론할 시간을 정하고 지킨다면 이런 문제는 고칠 수 있다.

- 회의가 시작되고 두 시간이 경과한 후에는 가치 있는 결정을 내리기가 힘들다. 전체 토의하는 시간은 1시간 30분이 적절하다.

- 회의 시작시간과 종료시간을 미리 적어두는 것도 좋은 방법이다.

- 회의시간이 너무 길어질 것 같으면 의장은 점심시간 한 시간 전이나 퇴근 시간 한 시간 전으로 회의시간을 정하라. 간단한 안건들은 미리 정한 종료 시간 10분 전에 토의를 시작하라.

- 회의 시작과 더불어 안건의 배경이나 제안서를 배포하는 것도 좋다. 시간 절약은 물론 참석자들이 미리 질문이나 생각을 준비할 수 있다. 단, 문서가 너무 길면 오히려 생각을 방해하므로 간단명료하게 요약해야 한다. 의장은 배포된 문서를 사전에 읽어보아야 하며 적어도 읽지 않았다는 사실이 발각되어서는 안 된다. (한 약삭빠른 의장은 매번 회의 시작 전 30초 동안 읽지 않은 문서에 전부 굵은 붉은색 펜으로 줄을 긋고 빈 곳에 무작위로 물음표를 표하여 회의가 진행되는 동안 참석자들이 우연히 보게 만든다.)

- 토론을 위해 문서를 만든다면 이 문서는 모든 사람들이 읽어야 하므로 간단명료해야 한다. 6쪽가량의 문서를 참석자들이 함께 읽는다는 것은 아주 어리석은 일이다. 재정이나 통계 관련 문서는 예외로, 이런 문서들은 전체 내용을 이해하기보다는 요점의 이해를 돕거나 지원하는 참고 문서이기 때문이다. 오히려 회의에서 작성하는 것이 좋을 때도 있다.

- 모든 안건을 효율적으로 토의하기 위해서는 미리 생각하고 검토해야 한다. '기타 안건'은 시간 낭비일 가능성이 크다. 다만, 실제로 긴급한 안건이나 생각지 못했던 안건, 참석자가 의장에게 제안한 안건은 간단하다면 의장이 기타 안건으로 상정해도 전혀 문제가 되지 않는다.

- 의장은 안건들을 미리 검토하면서 반드시 논의해야 하는 사항에 간단한 표시를 해놓을 수 있다. '사전 통보 기간?' 또는 '예비 조처?' 등과 같이 여백에 간단히 적어놓는다.

의장은 주인인가, 하인인가?

자신이 어떤 위원회의 의장으로 방금 임명되었다고 가정해보자. 만나는 사람들에게 의장의 직책이 귀찮고 자질구레한 일이라고 말하기도 하고, 때로는 '내 죄'가 많아서 임명되었다고 말하기도 한다. 그러나 분명한 것은 자신이 조직의 의장이고 거기서 벗어날 수 없다는 사실이다. 의장은 명예나 영광이 따르기도 하며, 대부분의 사람들은 조직의 리더가 되는 것을 좋아하고 자랑스러워한다. 그리고 이것이 문제의 4분의 3을 차지한다.

위원회의 의장으로 임명된 사람들은 자신의 방식대로 회의를 운영한다. 전체 지배권을 받았다고 생각하는 사람은 자신의 뜻을 그룹에 강요할 수 있는 기회라고 생각하여 구성원들 앞에서 장광설을 늘어놓고 동의를 강요하기도 한다.

어떤 의장은 마치 소년단 단장처럼 성과보다는 구성원들의 단체행동만으로도 만족해한다. 이들은 끊임없이 불을 피우거나 연료를 공급하지만 아무것도 요리하지 않는 캠프파이어와 같다.

또한 불성실하고 게으른 의장은 회의를 책임을 회피하는 수단으로 삼아 자신의 우유부단함에 대한 책임을 전체에게 떠넘긴다. 이들은 참석자들의 의견이 심하게 대치되거나 의혹이 제기되면 그것을 결정이나 행동을 회피하는 구실로 삼는다.

명예를 중시하지 않는 대다수 의장들조차 처음 회의 탁자의 머리에 앉을 때는 자존심이 한껏 높아지는 기분을 느낀다. 물론 이런 감정은 잘못된 것이 아니다. 그러나 이런 기쁨에서 헤어 나오지 못하거나 다른 참석자들도 이런 기쁨을 함께 누린다고 생각하면 문제가 있다.

자신의 감정을 조절하지 못하는 의장은 회의의 성공을 가로막는 가장 큰 장애물이다. 의장의 첫째 의무는 유혹을 간파하고 거기에 굴복하지 않는 데 있다. 토론 도중 의장의 말이 많아진다면 바로 이런 위험을 알려주는 명확한 신호라고 할 수 있다.

내가 아는 어떤 사람은 회의를 진행하면서 한 문장 또는 많아야 두 문장 정도의 말만 하겠다는 규칙을 세웠다. 그는 특별한 경우를 제외하고는 자신이 진행하는 회의에서 한 문단 이상의 말은 절대 하지 않는다. 중요한 것은 그 의장(또는 다른 사람)이 주재하는 회의에 정기적으로 참석하는 사람들 중에서 이 엄격한 규칙을 나쁘다고 생각하는 사람은 거의 찾아볼 수 없다는 것이다.

회의의 리더로서 누릴 수 있는 정당한 기쁨은 회의의 목적을 달성했을 때이며, 따라서 참석자들과 함께 기쁨을 나누어야 정당하다. 회의는 기본적이고 기초적이며 인간적인 이유들 때문에 필요하지만, 무엇보다도 참석자들이 개별적으로는 도달할 수 없는 목표를 그룹으로서는 가능하다는 사실을 알 때 유용하다.

회의에서 가치 있는 목표를 달성하려면 의장은 자신을 그룹의 주인이 아닌 하인으로 여겨야 한다. 의장은 그룹이 가장 효율적인 방법으로 최고의 결정이나 결론을 이끌어내도록 돕는 역할을 해야 한다. 이들은 구성원들에게 목표를 명확하게 설명하여 토론을 진행시켜야 하며, 혹 일부 반대가 있더라도 모든 사람이 결론을 이해하고 전체의 뜻으로 받아들이

도록 해야 한다.

구성원들이 인정하는 의장의 진정한 권위는 공동 목표에 헌신하는 자세와 목표 달성을 위해 구성원들을 돕고 지도하는 기술과 능력에서 비롯된다. 통제와 규율은 의장이 자신의 뜻을 조직에 관철시키는 데 사용하는 것이 아니라, 토론의 방향을 바꾸거나 지연시켜 목표 달성을 방해하는 개인들에게 전체의 의지를 관철시키는 데 사용해야 한다.

의장이 공동 목적을 위해 헌신하고 있음을 구성원들이 알게 되면 의장은 회의를 통제하는 데 큰 힘이 들지 않는다. 최고의 결론에 신속하게 도달하려는 의지는 의사봉을 두드리는 것보다도 훨씬 효과가 큰 통제 수단이다. 따라서 효율적으로 회의를 진행하는 의장은 자신의 직위를 이용하여 명령으로 구성원들의 의견을 제압하려고 하지 않는다. 그보다는 현재 다른 아이디어를 논의하거나 긴 발언을 할 시간이 없고 안건을 차례대로 처리해야 한다는 점을 강조하면서 토론을 진행한다.

회의에서 벗어난 발언을 하는 구성원에게 의장은 어떤 방식을 취해야 할까? 의장은 몸을 앞으로 기대거나, 긴장하면서 발언자를 쳐다보거나, 눈썹을 추켜올리거나, 말의 요점을 알았다는 의미로 고개를 가볍게 끄덕여주는 방식으로 발언자에게 정중하게 자신의 조급함을 알릴 수 있다. 대답을 하거나 설명을 할 때는 말의 속도를 조절하거나 단호한 표정으로 '다른 안건을 논의하자'고 밝힐 수 있다. 반대로 의장 자신이 원하는 말을 발언자가 할 때는 지금까지와는 상반된 표정과 억양으로 그런 아이디어라면 시간을 많이 할애할 수 있다고 알려주어 발언자가 핵심을 잘 말할 수 있도록 격려한다.

몇 번 회의를 거친 후에는 참석자들이 이러한 의장의 비언어적인 말을 쉽게 이해하게 된다. 의장은 주로 이런 방법을 통해 자신이 추구하는 일반적인 '회의 행동'을 교육하는 것이다. 의장은 여전히 그 조직의 하인이지만 고용된 산악 가이드처럼 목적지와 코스, 날씨와 여행 시간을 알고 있다. 따라서 의장이 참석자들에게 좀더 빨리 걷자고 권유하면 참석자들은 그 조언을 받아들이게 된다.

큰 조직에서는 주인보다는 하인의 역할이 애매하다. 의장이 구성원들의 직속 상사인 경우가 많기 때문이다. 그렇다고 해서 의장의 역할이 변하는 것은 아니다. 시민단체에서의 의장의 역할은 더욱 분명하다. '누가 의장이 되면 어린이 놀이터를 만들 수 있을까?' 하는 것이 가장 큰 관건이다. 그러나 의장의 역할에 대한 이런 정의는 한 가지 특별한 문제를 야기하며, 이에 대한 해결책도 매우 흥미롭다. 즉, 의장으로서 의장의 역할과 한쪽 의견을 지지하는 참석자의 역할을 어떻게 조화롭게 수행할 수 있는가 하는 문제다.

회의 진행 방법을 연구한 연구원들이 수백 번의 회의에 참석하여 몇 가지 흥미로운 결론을 얻었는데, 효과적인 토론에는 2가지 유형의 리더, 즉 '팀' 또는 '사교형' 리더와 '업무형' 또는 '프로젝트형' 리더가 있다는 것이다.

리더가 실제로 하나 또는 두 가지 역을 담당한다고 해도 의장의 가장 큰 역할은 객관적인 리더로서의 모습을 갖추는 것이라고 말할 수 있다. 의장은 아무리 특정한 의견을 강력하게 지지하고 싶어도 활발한 토론이 진행되도록 도와야 하며 토론이 많이 진척될 때까지 뒤로 물러나 있어야 한다.

실제로 토론을 듣는 동안 의장은 자기 의견을 바꾸거나 수정할 수도 있다. 본래의 자신의 의견이 바뀌지 않더라도 의장은 토론 후반에 가서 다른 사람의 입장을 지지하는 편이 훨씬 낫다. 다시 말해 의장이 동의하는 관점에서 토의 내용을 정리할 수 있다.

입장 지지자의 역할은 바로 밑에서 리더를 돕는 것이지만 안건마다 서로 다른 사람들이 맡는 것이 좋다. 그룹 내에 대립이 없을 일부 주제에 한해서는 의장이 직접 입장 지지자로 나서도 된다. 중요한 것은 의장은 자신의 '업무형 리더십'은 희생하더라도 '사교형 리더십'은 지켜야 한다는 것이다. 그러나 의장의 입장 지지가 두세 차례 계속되면 다른 참석자들은 의장에 대해 적대감을 품게 된다. 이 경우에도 '사교형 리더'보다는 '업무형 리더'가 이런 적대감으로 인해 조직에 피해를 끼치는 경우가 더크다.

토론은 논리적인 순서가 있어야 한다

위원회 회의의 토론을 구성하는 데는 옳고 그른 방법이 없는 듯하다. 하나의 주제가 상정되면 구성원들은 자신의 생각을 밝히고 결론을 내리거나 토론을 마치게 되는데, 모든 안건에 대한 토론을 한 가지 고정된 형식으로 진행하는 것은 바람직한 방법이 아니다.

집단토론에는 논리적인 순서가 있다. 이 순서를 따르지 않는다고 해도 순서는 반드시 인지하고 있어야 한다. 다음에 제시하는 절차를 따른다면 토론이 방해받지 않고 신속하게 진행될 수 있다. 이 절차는 의사의 진료를 받는 것과 같은 형식이다.

무엇이 문제인가? 한 안건이 회의에 상정되는 이유는 환자가 의사를 찾아가야 하는 증상과 대체로 비슷하다. '등에 계속 이런 통증을 느낀다'

는 말은 '독일에서는 판매가 증가하는데 프랑스에서는 감소하고 있다' 는 말과 같다. 두 경우 모두 어떤 문제가 발생했고 이를 해결하기 위해서 는 조치를 취해야 한다. 그러나 의사를 찾아가거나 유럽 마케팅 위원회 의 회의에 참석하기 전까지는 문제가 있다는 정도만 알 뿐이다.

얼마나 오래되었는가? 의사는 관련 병력을 묻는 것부터 진찰을 시작하며 위원회 토론도 마찬가지다. 공유하고 동의한 사실은 결정을 내리는 데 가 장 좋은 근거가 되며 관련 질문들도 결정에 도움이 된다. 예를 들어, 언 제부터 프랑스 매출이 감소하기 시작했는가? 독일 매출 증가는 예외적 인가? 프랑스에는 배송 문제가 있는가, 영업 노력을 소홀히 했는가, 광 고가 부족한가? 시장점유율이 낮아졌는가? 경쟁사의 매출도 감소했는 가? 처음에 이런 질문에 답하지 못한다면 토론은 시간 낭비일 수 있다.

침대에 누우시오 의사는 환자의 상태를 알기 위해 신체검사를 실시한다. 위원회도 마찬가지로 현재 어떤 상태인지 알고 싶어 한다. 지금 어떤 조 치를 취하고 있는가? 장기 주문도 같은 경향을 보이는가? 현재 주가는 어 떤가? 광고 예산으로 얼마나 남아 있는가? 이와 같은 질문을 하게 된다.

추간 연골이 빠진 것 같습니다 사실이 확인되면 의사는 진단을 내리게 된 다. 의사의 신속한 진단은 경험과 훈련에서 비롯된 것이다. 의사는 진단 과 관련이 적은 사항은 배제하고 짧은 목록을 남긴다. 위원회 역시 여러 가지 진단을 지워버린 후 가장 가능성 있는 것만 남긴다. 예를 들어, '독 일에서는 최근 성공적인 광고 캠페인을 활발하게 펼친 반면, 프랑스에서 는 마켓 리더가 새로운 포장을 내놓았다' 는 식의 진단을 내린다.

이 처방전을 약사에게 가져가시오 다시 의사는 간결한 해결책을 제시한다. 의사는 처방전 한 장을 주고 위원회도 신속하게 한 가지 조치 과정을 결정한다. 그러나 이 과정이 분명하지 않다면 다음 두 단계의 절차를 밟아 보는 것이 좋다.

- 먼저 여러 가지 대안을 마련한다. 처음에는 어떤 제안이든 거부하지 말고 가능성 있는 요소들을 선별하고 취합하여 일관성 있고 사리에 맞는 제안이 많이 나오도록 해야 한다.
- 이런 대안들을 만든 후에는 선별 작업이 이루어져야 한다. 재포장과 현장 판촉에 기반을 둔 과정을 선택할지 광고와 가격 할인에 역점을 둔 과정을 선택할지 또는 비용을 절약하여 내년에 좀더 비중 있는 신상품의 광고비로 사용할지를 토의하여 결정한다.

안건이 복잡하거나 특별히 중요하다면 의장은 머릿속으로 토론 과정을 검토하여 모든 구성원들에게 발표해야 한다. 칠판에 제목들을 미리 써 놓는 것도 좋은 방법이 될 수 있다. 이 경우 많은 시간을 절약할 수 있고 혼란을 줄이게 된다. 구성원들이 의장의 생각을 알고 있으므로 적절한 시기에 안건을 제시할 수 있기 때문이다.

오해나 혼란을 막는 것이 의장의 몫이다

운전자가 길을 따라가면서 동시에 자동차를 운전해야 하는 2가지 일을 수행하듯이 의장도 주제를 다루고 사람들을 다루어야 하는 2가지 역할을 해야 한다. 이 임무의 핵심은 앞에서 언급한 토론의 구조를 따르는 데 있다. 다시 말해 주의 깊게 잘 듣고 회의가 목적을 향해 나아가게 한다는 의미다. 어떤 안건이든 처음 토론을 시작할 때 의장은 회의가 어떤 목적을 향해 가는지 분명히 밝혀야 한다. 구성원들이 명확한 결정이나 제안을 하기 원하는가? 구성원들이 미리 안건에 대해 검토해야 하는가? 회의 밖에서 다양한 대안들을 찾아야 하는가? 제안에 동의해야 하는가, 아니면 단순히 주목하기만 하면 되는가?

의장은 참석자들에게 선택하게 할 수 있다. "우리가 이 처리 방법에 동의한다면 문제없다. 동의하지 않는다면 실무팀을 만들어 다음 달 회의 전에 보고하고 추천하게 해야 한다."

의장은 모든 참석자들이 이슈를 이해하고 토론하는 이유를 알도록 분명히 제시해야 한다. 안건이 명확하지 않거나 전에 토론한 적이 없는 경우, 의장이나 부의장이 회의 전에 브리핑을 해 짤막하게 문제를 소개하고 왜 회의 안건으로 상정되었는지 이유를 설명해야 한다. 또한 지금까지의 상황, 현재 상태, 해야 하거나 결정하거나 제안할 것들, 몇 가지 질문이나 지금까지 제안되었거나 검토되었던 조치 과정, 문제에 대한 양측의 논의 내용도 설명해야 한다.

토론이 길고 복잡해질 것 같으면 앞에서 언급했던 것처럼, 의장은 안건 제목(가능하면 쓴다)을 회의에 내놓아야 한다. 의장은 사람들이 앞서 나가지 않도록 주의 깊게 들어야 하거나(예를 들어, 회의 도중 참석자들이 문제의 원인에 동의하기 전에 조치를 제안해서는 안 된다) 과거의 논의를 되돌아보거나 과거에 정리한 요점들을 살펴보아야 한다. 토론이 생산적이지 못하거나 관계없는 방향으로 흐를 경우 의장은 신속히 제자리로 돌려놓아야 한다(예를 들어, 이미 늦어서 바꿀 수 없는 과거 결정의 잘잘못을 가리는 일이나 현재 조치에 영향을 주기에는 너무 거리가 먼 장기적인 전망들).

오해나 혼란을 막는 것은 의장의 몫이다. 의장은 회의 참석자들이 발언자의 주장을 따라가지 못하거나 이해하지 못할 경우 발언자에게 다시 명확하게 말해달라고 요청해야 한다. 의견을 제시하는 두 사람이 같은 단어를 다른 의미로 사용한다면 의장이 개입해야 한다(예를 들어, 판촉Promotion이라는 단어를 한 사람은 판매현장 광고로 이해하고, 다른 사람은 언론광고로 이해하는 경우).

또한 의장은 발언된 내용들을 적절한 시기에 요약해주어야 한다. 중간 요약은 몇 초밖에 걸리지 않는 경우가 많고, 토론을 따라가지 못한 일부 참석자들에게는 안전판 역할을 한다.

회의에서 초안 문서를 토론해야 할 때도 있다. 초안에 오류가 있다면 참석자들은 어떤 오류인지 밝혀내어 동의해야 하며, 의장은 새로 초안을 작성하도록 제의한 사람에게 권한을 위임해야 한다. 참석자 전원이 둘러앉아 초안을 다시 작성해서는 안 된다.

회의 진행자가 흔히 저지르기 쉬운 잘못은 토론이 충분히 무르익기 전에 서둘러 토론을 끝내는 것이다. 또한 합의에 이르기 전에 너무 빨리 토론을 마치는 경우도 허다하다. 회의가 실제로 결론에 이르렀음에도 불구하고 의장이 재빨리 파악하지 못하는 경우는 아무 소득 없이 토론이 몇 분 더 지속되기도 한다.

단, 다음과 같은 경우는 회의를 중단할 수 있다.

- 토론이 더 진전되려면 더 많은 '사실'이 필요한 경우
- 불참한 구성원의 견해가 필요한 경우
- 구성원들이 주제에 대해 더 생각해봐야 하고 동료들과의 논의가 필요한 경우

- 상황이 변하여 신속히 토론 기초를 변경하거나 명확하게 정리해야 할 경우
- 주제를 검토할 만한 시간이 충분하지 않을 경우
- 많은 사람들의 시간을 빼앗지 않고도 2~3명이 회의 밖에서 문제를 해결할 수 있다고 판단될 경우

이러한 경우를 제외하고는 토론 진행이 어렵다거나, 논란이 예상된다거나, 어떤 참석자가 달가워하지 않는다는 이유 등으로 회의를 연기해서는 안 된다.

각 안건의 토의가 끝나면 의장은 합의한 내용을 간단명료하게 정리해서 발표한다. 합의 내용 발표는 의사록 낭독과 같은 역할로, 안건을 기록에 남길뿐더러 참석자들은 뭔가 가치 있는 일을 했다는 자부심을 갖게 된다. 이는 또한 '우리가 어디에 도달했는가?' 라는 질문에 대한 답이 된다. 요약 내용에 회의 참석자들이 실천해야 할 일이 포함되어 있다면 참석자로부터 그 일을 맡겠다는 승낙을 얻어야 한다.

회의 참석자들 관리하기

회의를 정시에 시작하는 유일한 방법은 정해진 시간에 회의를 시작하는 것이다. 지각하는 사람들은 자신들 없이도 회의가 시작된다는 사실을 알아야만 지각하는 습관을 고치게 된다. 제시간에 정확히 오는 사람들도 이제 더 이상 예정시간보다 10분 이상 지체되지 않고 회의가 시작된다는 사실을 새로 인식하게 될 것이다.

지각한 사람들(조퇴자)의 명단을 분 단위로 작성하면 다음 회의에 절대 늦지 않을 것이다. 명단을 작성하는 명목적 또는 실질적인 목적은 지각한 사람들에게 자신들이 없는 사이에 결정이 내려졌다는 사실을 알리기

위해서다. 또한 지각한 사람들의 명단을 돌리는 이유는 모든 사람들에게 지각한 사람이 누구인지 알리기 위해서다. 사람들은 자신에 관한 나쁜 정보가 다른 사람들에게 빈번하게 알려지는 것을 싫어하기 때문이다.

자리 배치의 중요성과 자리 배치가 그룹의 행동과 관계에 미치는 영향은 점차 커지고 있다. 모든 연구 결과에 동의하는 것은 아니지만 일반적으로 검증된 사실들은 다음과 같다.

- 참석자들을 테이블을 사이에 두고 마주 보도록 앉게 하면 같은 편이 적이 되는 것은 아니지만 반대, 대립, 논쟁이 일어날 수 있다. 따라서 의장은 자기 맞은편에 누구를 앉힐 것인지 고려해보아야 한다.
- 나란히 앉을 경우는 논쟁과 대립이 더 심해진다. 따라서 의장은 자기 옆자리에 가까운 사람을 앉히는 것이 좋다.
- 특별히 의장의 앞쪽으로 많은 사람들이 나란히 앉아 있는 경우가 있는데, 의장의 오른쪽 자리는 사람들의 시선에서 벗어난 자리다(의장이 테이블 머리에 혼자 앉아 있는 경우는 예외다).
- 일반적으로 의장과 가까운 자리일수록 인정과 총애를 받는 사람이라고 말할 수 있다. 의장이 좁고 긴 테이블에 앉아 있을 때 그런 현상은 더욱 심하다. 중세 수도원의 식당에서 지위가 낮은 사람이 테이블 맨 끝에 앉았던 것처럼 의장과 거리가 멀수록 지위도 낮다.

장황한 발언자를 통제하라 회의 때마다 중요하지도 않은 말을 장시간 늘어놓는 사람이 있다. 이때 의장은 말을 간단히 해달라고 급박하게 주의를 주어야 한다. 발언자가 장시간 발언하려 한다면 의장은 그에게 내용을 적으라고 말하는 것이 좋다. 급히 발언자의 의견을 중단시켜야 한다면 어떤 대목이든 관계없이 그 말에 끼어들어 중단시켜야 한다. 예를 들어, 발언자가 "어쩔 수 없는 감소……"라고 말하면 그 틈을 파고들어 "어쩔 수 없는 감소라, 아주 흥미로운 말이군요, 조지 씨. 여러분도 이 어쩔 수 없는 감소라는 말에 동의하시나요?"라고 말을 돌리며 다른 사람에게 발언 기회를 준다.

침묵하는 자를 참여시켜라 간단한 통계에서 보여주듯이 제대로 운영되는 회의에서는 대부분의 사람들은 회의시간에 침묵한다. 침묵이 전반적인 동의를 의미하거나, 발언할 만큼 중요하지 않다고 보거나, 자신의 의사를 말하기 전에 상대방의 의견을 더 들어볼 필요가 있거나, 점심을 배부르게 먹었거나 하는 경우에는 침묵에 대해 걱정할 필요는 없다. 그러나 다음 2가지 종류의 침묵은 반드시 깨뜨려야 한다.

- 자신감이 결여되어 침묵하는 경우 좋은 의견을 가지고 있음에도 불구하고 다른 사람의 반응을 염려하여 말하지 않는 경우가 있다. 의장이 그런 상황을 눈치 채고 입을 열게 할 경우, 의장은 그 의견에 반드시 동의하지 않더라도 발언자에게 관심과 감사를 표현하고 앞으로도 그런 의견을 계속 발표해달라고 격려해야 한다.
- 적대감으로 인해 침묵하는 경우 아이디어에 대한 적대감보다는 의장에 대해, 회의에 대해, 결정을 내리는 과정에 대해 적대감을 갖는 경우다.

전체 회의 과정에서 완전히 동떨어진 이런 감정은 대체로 모욕감을 느꼈을 때 나타난다. 의장이 원인을 조사해보면 뭔가 밝혀야 할 것이 있으며, 감추기보다는 밖으로 공개하는 편이 낫다는 사실을 알게 될 것이다.

약자를 보호하라 회의에서 아랫사람들은 윗사람들의 반대를 불러일으킬 수도 있다. 이것은 어떻게 보면 매우 당연하다. 그러나 이런 반대가 확산되어 아랫사람들에게 도무지 발언 기회가 주어지지 않게 되면 회의는 타격을 받을 수밖에 없다. 이러한 현상을 막기 위해 의장은 우선 아랫사람들의 발언이 유용하다고 격려해야 한다. 항상 회의 참석자들이 요약한 문서를 증거로 제시해 보이면 더 확실하게 격려를 할 수 있고, 토론 후반에 다시 한 번 그 문서를 언급하여 두 번 격려할 수 있다.

아이디어의 대립을 격려하라 아이디어의 대립은 격려하되 참석자들의 성격이 충돌하게 해서는 안 된다. 참석자들과 의장이 단순히 대화를 나누는 것으로는 좋은 결과를 이끌어낼 수 없다. 토론과 논쟁이 다양한 방향으로 진행되어야 하며, 의장은 회의를 진행하면서 이따금 내용을 숙고하고 조사하고 자극하고 요약하면서 다른 구성원들이 아이디어를 쏟아내도록 만들어야 한다. 어쨌든 회의는 사람들 간의 다툼이 아닌 아이디어의 다툼이 활발해야 한다.

두 사람만 계속 열띤 논쟁을 벌이는 경우, 의장은 중립을 지키는 참석자들에게 가급적이면 사실에 입각한 답이 나올 만한 질문을 하여 여러 사람에게로 토론을 확대시켜야 한다.

제안에 대한 비난을 조심하라 회의에 참석한 학생들은 모든 회의 내용을 질문, 대답, 긍정적 반응, 부정적 반응으로 축소시키기 쉽다. 오직 질문과 답변만 하고 정보, 의견, 제안의 3가지 유형의 응답만을 한다.

거의 대부분의 현대 조직에서 성공하기 위한 미래의 씨앗은 제안에 담겨 있다. 중요한 제안들은 아주 드물지만 기회가 있을 때마다 모두 내놓을 필요가 있다. 문제는 사실이나 의견에 비해 제안들이 비웃음거리가 되기 훨씬 쉽다는 데 있다.

제안을 했다가 웃음거리가 되거나 무시를 당하는 등의 부정적인 반응을 느끼게 되면 제안을 중단해버린다. 회의에서 알력 다툼이 있다면 다른 사람의 제안을 빌미로 그 사람을 무시해버리는 기회로 삼을 수 있다. 이런 경우 회의는 아무 성과 없이 끝나고 만다.

이러한 문제를 해결하는 방법으로 의장은 어떤 사람이든 제안을 하면 각별히 존중해주어야 하며, 부정적인 반응에 대해서는 분명하게 주의를 주어야 한다. 상대의 의견을 무시하려는 사람에게 그 자리에서 더 좋은 제안을 해보라고 요구하는 방법도 효과적이다. 의장은 제안의 가장 좋은 부분을 선별하여 다른 참석자들이 그 제안을 실천할 수 있도록 지시해야 한다.

가장 윗사람은 가장 나중에 발언하라 항상 그런 것은 아니지만 윗사람이 주제에 대해 먼저 언급을 하게 되면 아랫사람들은 발언하기 어렵게 된다. 위에서부터 내려오는 것보다는 아래에서부터 거슬러 올라가는 것이 더 다양한 시각과 아이디어를 얻기 쉽다. 단, 처음 발언을 시작한 아랫사람에게는 개인의 경험과 능력 안에서만 발언하도록 요청하라. "피터 씨, 프랑크푸르트 전시회에 갔었죠? 거기 반응이 어땠나요?"라고 질문 내용을 제한하라.

성과를 언급하고 마무리하라 마지막 안건을 해결하지 못했다 해도 회의를 마칠 때는 잘 해결된 처음 안건들을 언급하고 참석자들에게 감사를 표해야 한다.

정기회의가 아니라면 해산하기 전에 다음 회의시간과 장소를 결정한다. 마지막 시간에 약속을 정하면 특히 5명 이상이 모이는 회의에서는 나중에 전화 통화로 허비하는 시간을 절약할 수 있다.

회의 내용 기록하기

비서가 기록을 하거나 참석자 중 한 명이 기록하는 것도 좋지만 회의 기록부는 의장의 책임이다. 의사록에는 다음과 같은 내용을 간단히 작성한다.

- 회의시간과 날짜, 장소, 사회자
- 참석자 명단과 불참석자들의 사유
- 토의된 모든 안건(기타 안건 포함)과 결정 사항. 어떤 방침이 정해지면 책임자의 이름을 기록하고 강조한다.
- 회의 종료시간(토의시간이 15분인지, 6시간인지 후에 확인할 때 필요하다)
- 다음 회의 날짜, 시간, 장소

| 출처 |

1장 Ralph G. Nichols and Leonard A. Stevens, "Listening to People", *Harvard Business Review*, September-October 1957.

2장 George M. Prince, "Creative Meetings through Power Sharing", *Harvard Business Review*, July-August 1972.

3장 Fernando Bartolomé "Nobody Trusts the Boss Completely-Now What?", *Harvard Business Review*, March-April 1989.

4장 T. J. Larkin and Sandar Larkin, "Reaching and Changing Frontline Employees", *Harvard Business Review*, May-June 1996.

5장 Kathleen M. Eisenhardt, Jean L. Kahwajy, and L. J. Bourgeois Ⅲ, "How Management Teams Can Have a Good Fight", *Harvard Business Review*, July-August 1997.

6장 Chris Argyris, "Skilled Incompetence", *Harvard Business Review*, September-October 1986.

7장 Michael B. McCaskey, "The Hidden Messages Managers Send", *Harvard Business Review*, November-December 1979.

8장 Antony Jay, "How to Run a Meeting", *Harvard Business Review,* March-April 1976.

옮긴이 **심영우**

한국외국어대학교 불어과를 졸업하고, 뉴질랜드 와이카토 대학교 영문학과를 졸업했다. 코리아헤럴드 번역센터
에서 근무했고, 코리아헤럴드 어학원과 세종대학교, 에듀미디어에서 영한번역을 강의했으며 ETAT 출제위원을
역임했다. 역서로는 『의사결정의 순간』, 『성장전략』 등이 있다.

KI신서 1894

하버드비즈니스클래식

효과적 커뮤니케이션

1판 1쇄 인쇄 2008년 12월 19일
1판 1쇄 발행 2009년 1월 2일

지은이 크리스 아지리스 외 **옮긴이** 심영우 **펴낸이** 김영곤 **펴낸곳** (주)북이십일 21세기북스
기획 엄영희 **편집** 윤영림 **디자인** 네오북 **마케팅** 주명석 **영업** 최창규 이종률 서재필
출판등록 2000년 5월 6일 제10-1965호
주소 (우413-756) 경기도 파주시 교하읍 문발리 파주출판단지 518-3
대표전화 031-955-2100 **팩스** 031-955-2151 **이메일** book21@book21.co.kr
홈페이지 www.book21.co.kr **커뮤니티** cafe.naver.com/21cbook

값은 뒤표지에 있습니다.
ISBN 978-89-509-1650-3 13320
ISBN 978-89-509-1670-1 13320(세트)

이 책은 2004년에 발간된 『강한 회사는 회의시간이 짧다』의 개정판입니다.